# 푸코,
## 감옥에 가다

**탐 철학 소설 07**

# 푸코, 감옥에 가다

| | |
|---|---|
| **초판 1쇄** | 2013년 9월 25일 |
| **초판 6쇄** | 2022년 7월 15일 |

| | |
|---|---|
| **지은이** | 조상식 |

| | |
|---|---|
| **책임 편집** | 신정선 |
| **마케팅** | 강백산, 강지연 |
| **디자인** | 땡스북스 스튜디오, 문고은, 유민경 |
| **표지 일러스트** | 박근용 |

| | |
|---|---|
| **펴낸이** | 이재일 |
| **펴낸곳** | 토토북 |

주소 04034 서울시 마포구 양화로11길 18 3층 (서교동, 원오빌딩)
전화 02-332-6255 | 팩스 02-332-6286
홈페이지 www.totobook.com | 전자우편 totobooks@hanmail.net
출판등록 2002년 5월 30일 제10-2394호
ISBN 978-89-6496-157-5 44100
ISBN 978-89-6496-136-0 44100 (세트)



*탐은 토토북의 청소년 출판 전문 브랜드입니다.
*이 책의 사용 연령은 14세 이상입니다.
*이 책은 푸른디딤돌 출판사의 《푸코, 감옥에 가다》의 개정판입니다.

# 푸코,
## 감옥에 가다

조상식
지음

07
탐
철학
소설

탐

## 차례

개정판 머리말

## 푸코는 여러분 가까이 있어요!

청소년을 위한 철학 소설로 이 책이 나온 지 벌써 4년이 지나갑니다. 제가 쓴 이전의 책인《루소, 학교에 가다》와 이 책《푸코, 감옥에 가다》에 대한 독자 여러분의 반응은 사뭇 달랐던 것으로 알고 있습니다. 가장 흔한 의견은 푸코가 루소에 비해 어렵다는 것입니다. 저자인 본인 스스로 이를 잘 알고 있습니다. 또한 이 책을 집필하는 과정에서 이미 이 점을 충분히 예상했습니다.

그래서 초판 머리말에서 저는 다음과 같이 청소년 독자들께 양해를 구하기도 했습니다. "청소년 여러분에게 철학은 결코 쉬운 분야가 아니겠지만, 푸코의 철학은 특히나 어렵습니다. 이러한 전문 철학을 비전문가에게 풀어서 이해시키는 것은 어려운 작업입니다. 그럼에도 소설은 푸코에게 친숙한 형식으로 다가갈 수 있는 방도라고 생각합니다." 그래서인지 몰라도 루소보다 푸코의 독자층이 청소년뿐만 아니라 대학생과 성인으로까지 확대되는 결과도 있었습니다.

이렇게 철학 소설을 청소년에게 맞지 않게 어렵게 쓴 것은 전적으로 저자 능력의 한계임에 틀림없습니다. 그럼에도 이 책이 그동안 단순히 추천 도서로 선정되는 경사를 넘어, 한국도서관협회의 우수문학도서로 선정되는 영광도 얻었습니다. 독자층에 적합한 책인가 하는 점에선 저 스스로도 고민하고 있지만, 이 책의 문학적 가치를 인정받았다는 점에서 크나큰 위로를 받았다고 자부합니다.

철학자로서 푸코에 대한 관심은 그의 철학의 독창성에서 기인하는 측면도 있지만, 오늘날 우리가 사는 세상이 그가 진단했던 방향과 크게 다르지 않게 돌아가고 있다는 공감에 있다고 봅니다. 이를 테면, 세계적인 경제 위기를 경험하면서 인간의 노력이나 의도를 초월하는 시스템 혹은 구조라는 거대한 실체에 공포를 가지게 되었으며, 인간이 창안해 낸 온갖 지식이 역으로 인간을 통제하는 데 활용되는 적지 않은 사례를 목격하고 있습니다. 이러한 측면들이 바로 푸코가 진단하는 근대와 현대의 사회 발전이 낳은 결과들인 것입니다.

그래서인지 각종 시험에서 푸코 철학의 주요 개념과 이론이 자주 다루어지고 있으며, 심지어 상업적인 광고 카피라이트나 문화적인 키워드로 심심치 않게 등장하고 있을 정도입니다. 이러한 풍조가 반드시 바람직한 것인지 여기서 자세히 말할 수는 없지만, 그의 철학이 가지는 독창적이고 심지어 기이한 측면을 한 번쯤 이해할 필요가 있음을 역설해 주고 있습니다.

비록 어려운 철학적 내용을 포함하고 있지만, 청소년 여러분은 자신이 갖고 있는 상상력이라는 특권으로 충분히 이해할 수 있다고 확신합니다. 자신을 가지길 바랍니다. 이 책에서 유럽을 관통하는 시간 여행은 매력적인 자유를 선사할 것입니다.

이제 푸코는 여러분 가까이에 있는 친근한 사람이 되리라 믿습니다.

2013년 가을 문턱에서

조상식

초판 머리말

## 시대의 진리를 의심하라!

미셸 푸코(Michel Foucault)는 프랑스에서 태어난 철학자입니다. 그의 사상은 철학뿐만 아니라 역사, 문학 이론, 사회과학, 심리학, 심지어 의학에까지 영향을 미치고 있습니다. 지금까지 유럽 철학이 당연히 여겨 왔던 이성과 계몽의 의미에 대해 심각한 의문을 제기했다는 점에서, 그리고 그동안 깊이 있게 다루지 않았던 권력의 문제를 진지하게 파헤쳤다는 점에서, 현대 철학에서 차지하는 푸코의 비중은 매우 크다고 할 것입니다.

청소년 여러분에게 철학은 결코 쉬운 분야가 아닐 것입니다. 더구나 푸코의 철학은 특히나 쉽지 않습니다. 이러한 전문적인 철학을 비전문가에게 쉽게 풀어 이해시키는 일은 결코 쉽지 않은 작업입니다. 그런 의미에서 소설은 푸코의 철학에 친숙하게 다가갈 수 있는 방도라고 생각했습니다.

이전에도 저는 루소의 《에밀》을 기반으로 하여 소설 《루소, 학교에 가다》를 집필한 바 있습니다. 하지만 그 일은 《푸코, 감옥에 가다》에 비하면 상대적으로 손쉬운 작업이었다고 할 수 있습니다. 푸코의 사상은 주제별로 상당히 다양한 전개 방식을 보여 주고 있습니다. 그렇기 때문에 어느 한 주제에 초점을 두고 소설을 구상하면, 푸코를 불완전하게 소개할 우려가 있습니다. 그래서 저는 푸코의 중요한 연구 주제들을 가급적 하나의 소설 속에 모두 포괄해 보자는 야심을 갖게 되었습니다.

이 소설을 읽기 전에 푸코 사상의 얼개를 미리 알아 둔다면, 그의 생각을 이해하는 데 적지 않은 도움이 되리라 생각합니다. 푸코의 사상은 대체로 다음과 같은 세 단계로 진행되었습니다. 제1기는 푸코가 《정신 질환과 인격》, 《고전주의 시대에 있어서 광기의 역사》, 《임상의학의 탄생》 등의 저서를 중심으로 인식론적 연구에 집중하던 시기입니다. 그 당시 주요한 관심은 광기와 질병, 정상과 비(非)정상의 구분과 관련된 역사적 의미를 연구하는 데 있었습니다. 제2기는 《말과 사물》과 《지식의 고고학》을 중심으로 한 이론 언어학의 연구 시기입니다. 이 시기에는 '사물과 언어 사이의 관계 문제'와 역사적 시기를 특징짓는 인식의 틀인 '에피스테메' 개념이 중요한 자리를 차지합니다. 제3기는 《감시와 처벌: 감옥의 탄생》과 《성의 역사》를 출간했던 시기입니다. 이 시기에는 훈육과 규율에 대한 역사적 분석이 주요한 연구 주제였습니다. 소설에서는 이러한 세 시기의 주요 주제를 소설 속 사건의 진행 과정에 모두 녹였습니다. 이 소설을 재미있게 읽으면서 푸코 철학의 핵심적인 내용도 쉽게 이해할 수 있으리라 기대합니다.

푸코는 독창적인 사상가입니다. 그러면서 "시대의 진리를 의심하라!"며

여러분을 부추깁니다. 아마도 여러분은 푸코를 통해 인간과 사물을 다른 각도에서 바라보는 방식을 배울 수 있을 것입니다.

자, 감옥에 간 푸코가 어떻게 역경을 헤쳐 가는지 함께 따라가 볼까요?

2009년 봄날, 남산 자락에서

조상식

프롤로그

# 5월의 폭염

더위 폭탄이라도 터진 것 같다. 그렇지 않고서야 갑자기 이렇게 푹푹 찔 리가 없다. 그것도 고작 5월 초에 말이다. 어제부터 후덥지근하다 싶더니 오늘은 아예 찜통이다. 햇볕은 눅눅하고 공기는 후끈거리고 바람은 끈적대는 영 낯선 더위다. 담탱이는 이런 것이 전형적인 동남아 날씨라고 했다. 이 갑작스런 5월의 폭염이 정상은 아니지 싶다.

정상이 아닌 것이 어디 날씨뿐이랴. 이 더위에 바람 한 점 들지 않는 교실에 남아 '자율 학습'이라 불리는 '절대 안 자율 학습'을 하고 있는 우리 반 서른세 명도 전체적으로다가 정상은 아니라 본다.

"오늘도 평상시처럼 자율 학습을 한다."

담탱이의 이 한마디에 다들 아무 말 없이 이 찜통 속에서 버티고 있는 것이다. 물론 덜 더운 환경에서 자율 학습을 할 방법은 있다. 각 교실마다 멀쩡히 달려 있는 저 에어컨을 켜기만 한다면 말이다. 그러나 안 된단다. 왜냐, 에어컨은 7월 중순부터 켜는 것이 학교 방침이란다. 한낮 온도가 30도를 넘어가기는 마찬가진데 7월엔 되고 5월엔 안 된다는 것을 누가 납득하랴만 그래도 방침이란 지키라고 있는 것이니

안 된단다.

이건 말도 안 된다. 하긴 말도 안 되기는 나도 마찬가지다. 다른 애들이야 명문대에 가는 것이 목표니 더워도 참는다지만, 그저 고등학교 졸업이 목표인 나는 왜 남아서 이 짜증을 내고 있는가 말이다. 이것 역시 '고3 전원 자율 학습 참여'라는 학교 방침 때문이긴 하다. 그놈의 학교 방침, 교칙……. 이런 것들이 뭐기에 우리 모두 쩔쩔매야 하나.

그동안 반란을 꿈꿔 보지 않은 것은 아니다. 특히 성적으로 이미 바닥을 접수한 나는 살짝 엇나갈 수도 있었다. 하지만 한 번도 시도해 보지는 않았다. '절대 튀지 말자' 또는 '조용히 묻어가자'가 삶의 원칙이요, '무사히 졸업하자'가 목표이기 때문이다. 튀지 않기 위해서 일단 선생님이 하라는 일은 군말하지 않고 제때제때 해야 한다. 지각도 안 되고, 자율 학습 땡땡이도 안 되고, 준비물을 깜빡해도 안 된다. 머리카락을 3센티미터 이상 길러서는 안 되고, 교복은 단정히 입고, 교표와 이름표 다는 것도 잊어서는 안 된다. 한마디로 성실하고 끈기 있고 용의주도해야 한다는 말이다. 하지만 시험 잘 보라는 선생님의 말씀은 예외다. 시험 못 보는 애들이 대부분이므로 시험을 잘 보는 게 오히려 튀는 행동이기 때문이다.

사고나 말썽? 특히 졸업이 목표인 나 같은 사람은 꿈도 못 꾼다. 이 학교가 워낙 엄격해 사고 비슷한 것만 쳐도 바로 퇴학이기 때문이다. 사실 퇴학인지 뭔지 정확하게는 아무도 모른다. 누구든 사고를 쳤다 하면 더 이상 학교에 나타나지 않으니 그저 퇴학당했다고 생각하는 것이다. 특히 이 학교는 고3 말에 퇴학생이 늘어난다. 학교생활 막바지라 곧 사회로 나갈 텐데 뭐 그리 엄격하게 그러나 싶지만, 어쨌든 최근에도 몇몇 보이지 않는 애들이 있어 특별히 조심하는 중이다. 아무튼 여기까지가 튀지 않고 있다가 무사히 졸업하는 게 목표인 내가 오늘도 교실에 남아 열공 대신 이렇게 열짜증을 내는 이유다.

오른쪽으로 엎드려도 왼쪽으로 엎드려도 도무지 끈적거려 잠을 잘 수가 없다. 급기야 애들은 훌렁훌렁 옷을 벗기 시작했다. 나는 별로 할 일이 없어서 교과서에 낙서를 하기 시작했다. 교과서 가장자리에 어떤 동작을 순서대로 한 장씩 그려 주르륵 넘기면 애니메이션처럼 보이는 그런 낙서 말이다. 앞에 앉은 녀석이 옷 벗는 모습을 순서대로 그린 다음 주르륵 넘겨다보니 남자가 옷 벗는 그림이라 좀 그렇기는 했다. 다시 한 번 주르륵 넘기는데 누군가 위에서 책을 지그시 눌렀다. 고개를 들어 보니 학주였다.

학주에게 끌려간 곳은 학교 반성실이었다. 학주는 교과서에 그런 음란물을 그린 것에 대해 반성문을 쓰라고 했다. 눈앞이 캄캄했다. 반성문이라니 차라리 맞는 게 낫지. 난 반성문을 쓰지 않겠다고 했다. 나름대로 쓰지 못할 사정이 있는 거 아닌가 말이다. 그 사정은 별로 말하고 싶지 않을 수도 있고.

그러자 학주는 아무 말 없이 나를 지하에 있는 멀티미디어실로 데려갔다. 멀티미디어실은 그동안 한 번도 쓸 일이 없어서 평소 두꺼운 자물쇠로 잠겨 있는 곳이었다. 학주는 자물쇠를 열고 안으로 성큼성큼 들어갔다. 굳이 이렇게 으슥한 곳까지 끌고 오는 것을 보니 열 좀 받으셨나 보네. 엎드려뻗쳐에 엉덩이 매타작을 각오하면서 안으로 들어섰다.

하지만 그 안에서 나를 기다리는 것은 매타작이 아니었다. 그곳에는 수백 개의 나 자신이 나를 기다리고 있었다.

1

# 정상을 향하여

"상체를 직립시키고, 왼쪽으로 조금 기울여 힘을 뺀다. 팔뚝을 책상 위에 놓고, 턱이 주먹 위에 놓일 정도로 앞으로 기울인 자세가 되어야 한다. 왼발은 책상 아래에서 오른발보다 약간 앞으로 내밀어야 한다. 상체와 책상 사이의 간격은 손가락 두 개쯤 떨어져 있도록 한다. 이렇게 하면 보다 빨리 쓸 수 있을 뿐 아니라 건강에도 좋다. 복부를 책상에 붙이는 버릇은 건강에 아주 나쁘기 때문이다. 왼팔의 팔뚝에서 손가락 끝까지의 부분은 책상 위에 놓아두어야 한다![1]"

오전부터 계속된 글쓰기 자세 훈련이다. 글을 읽고 쓰는 것과 자세가 무슨 상관인지는 모르지만 일단 해 보는 데까지 해 보는 거다. 이 학교의 교훈은 '정상을 향하여'다. 꼭대기를 말할 때 쓰는 정상이 아니라 정상, 비정상을 말할 때 쓰는 그 정상 말이다. 그렇다. 이곳은 비정상적인 학생을 모아 정상이 되도록 훈련시키는 학교라고 했다.

그래서인지 모든 일정이 아주 빡빡했다. 꽉 짜인 일정표에 따라 새벽부터 밤늦게까지 움직였다. 이곳에 들어온 이상 모든 것을 기본부터 배워 몸과 마음을 다시 세팅해야 하기 때문이라고 했다. 그렇게 힘든 과정을 거쳐야 이 사회가 필요로 하는 새로운 사람으로 다시 태어날 수 있다고 했다. 단지 글을 배우기만 하면 되는 내가 왜 통째로 다시 태어나야 하는지에 대해 선생님은 따로 설명하지 않았다. 나 역시 그냥 그런가 보다 했다. 이곳에 온 지 벌써 일주일이다.

멀티미디어실 안은 사방이 모니터로 채워져 있었다. 마치 교통 정보 상황실처럼 말이다. 다른 것이 있다면 그 상황실의 모니터에는 이곳 저곳의 교통 상황이 떠 있겠지만, 이 방의 모니터에는 온통 내가 떠 있었다. 등교하는 나, 조는 나, 수업받는 나, 책을 거꾸로 들고 읽는 척하는 나, 빈 노트를 멍하니 바라보는 나, 심지어 음악실이라 쓰인 팻말 앞에서 갸우뚱거리는 고1의 나까지. 고등학교에 입학한 순간부터 지금까지의 내 모습이 다 들어 있었다.

충격에 머리가 터질 듯했다. 누군가 내 삶 전부를 감시하고 있다니, 대체 누가 이런 짓을 한 것일까? 뭘 위해서? 이건 학교 구석에 CCTV가 숨겨져 있다는 건데……. 그러면 이 학교 학생 전체가 자신도 모르는 사이에 구석구석 은밀한 행동까지 다 찍히고 있다는 말인가. 정신을 차릴 수가 없었다. 속이 메스꺼웠다. 나는 그 자리에 주저앉아 구역질을 해 댔다.

학주는 이런 모습이 익숙한 듯했다. 눈물과 침이 범벅이 된 채 구역질을 멈추자 학주가 이내 건조하게 말했다.

"우리는 자네에게 특별한 교육이 필요하다는 결론을 얻었네."

"……. 왜?"

간신히 목소리가 나왔다.

"김광식, 자네 글을 모르지?"

학주는 단도직입적으로 말했다. 알고 있었다. 하긴 저렇게 감시하고 있는데 어찌 모르겠는가. 난 대답 대신 질문을 했다.

"대체 왜 카메라로 감시를 하는 겁니까?"

"감시라니……. 좀 억울하군."

학주는 잠시 내 얼굴을 보더니 말을 이었다.

"우리는 CCTV를 이용해 학생 개개인을 보다 정확하게 파악하려고 노력하고 있네. 그리고 그 자료를 기준으로 자격이 있는 학생만 졸업할 수 있도록 하고 있지."

"그 자격이란 게 뭔데요?"

"뭐, 간단하네. 사회로 나갔을 때 이 사회의 일원으로 정상적인 삶을 살 수 있는가 하는 정도지. 우리 학교 출신이 비정상적이거나 반사회적인 행동을 해서 뉴스에 오르내리는 것을 원치 않거든. 물론 100퍼센트 막을 수야 없지만, 할 수 있는 한 최대한의 조처를 취해야 하지 않겠나?"

자부심으로 가득한 표정이었다.

"자네는 우리 학교 졸업생으로 사회에 내놓기 좀 곤란한 부분이 있어서 특별 교육을 받아야겠네."

결국 이렇게 됐다. 또다시 세상 밖으로 밀려나는 것이다. 내가 가장 두려워한 상황이기도 했다. 이대로 순순히 응할 수는 없었다.

"뭐가 그렇게 곤란하지요?"

"스스로 잘 알 텐데……. 문맹에 동성애적 성향도 있지?"

동성애라니 그건 진짜 오해다.

"선생님, 아까 그 낙서는요……."

"그것 때문은 아니고."

선생님은 내 말을 툭 잘랐다.

"그럼 뭐 때문인가요, 제가 동성애적 성향이 있다고 생각하신 이유가?"

"그건 자네도 잘 알 텐데……. 자네 형 말일세."

아, 형! 내 얼굴이 백지장처럼 하얘지는 것을 나 스스로도 느낄 수 있었다. 아무 말 못한 채 떨고 있자, 학주는 사뭇 진지한 표정으로 다가왔다. 그러고는 부드러운 목소리로 글부터 배우자고 말했다. 전문 기관에 위탁 교육을 부탁할 테니 당분간 그곳에서 수업을 받으라고 했다. 물론 그곳에서 글을 다 익히면 졸업은 가능하다고 했다. 내가 생각해 보겠다고 버텼더니, 학주는 안 그러면 바로 퇴학이라고 경고하며 짧은 인사를 남기고 멀티미디어실에서 나갔다.

문이 닫히자마자 철커덩하는 소리가 교실 안에 울리며 갑자기 컨베이어 벨트가 돌았다. 무언가 나를 번쩍 들어 그 위에 얹었다. 통조림처럼 컨베이어 벨트에 얹혀 어디론가 가고 있었지만 몸을 꼼짝할 수가 없었다. 그러고는 더 이상 아무 기억도 나질 않았다.

다시 눈을 뜨니 혼자였다. 학교 멀티미디어실은 아닌 듯했다. 머리가 멍했다. 그때 한 남자가 들어왔다. 그는 새 담임이라고 했다. 이곳이 내가 당분간 교육을 받아야 할 특수 교육 기관이라고도 했다. 불안했다. 학교로 돌아가고 싶었다. 그는 당장은 곤란하다고 했다. 예비 퇴학 대상이기 때문에 이곳에서 좋은 성적을 받아야 돌아갈 수 있다고 했다. 누구든 시키는 대로 따라오기만 하면 학교로 돌아갈 수 있다고 했다. 대신 이곳에 있는 동안에는 일정표에 따라 오전에는 수업을 받고 오후에는 일을 해야 한다고 했다.

일을 한다고 하니 대안 학교 같은 곳인가 보다 싶었다. 잠은 기숙사에서 잔다고 했다. 이곳에서 담임은 아버지와 같은 존재이니 무엇이든 상의해 결정하라고 했다. 내가 고개를 끄덕이자 담임은 이어서 내가 지켜야 할 규율 항목을 불러 줬다. 일반 학교와는 비교되지 않을 정도로 많고 자세했다. 듣는 것만으로도 지겨웠다.

마지막으로 꼭 달고 다니라며 이름표를 내밀었다. '동성애를 옹호하고 글을 읽고 쓰지 못하는 고아 고등학생'이라는 긴 이름이 적혀 있었다. 이건 뭐……. 기분도 나쁘고 이상했지만 어쩔 도리가 없었다. 무엇보다 졸업이 우선이니까. 생각해 보면 딱히 싫다고 할 입장이 아니다 싶었다.

이렇게 된 이상 내 원칙은 '무조건 복종'이다. 난 할 수 있을 것이다. 일반 고등학교에 다닐 때도 정말 성실했다. 가끔은 스스로 자랑스럽다 못해 범생이 소질이 있는 건 아닐까 싶을 정도였다. 심지어 서울대를 간다는 원칙만 정한다면 거뜬히 합격할 수 있지 않을까 하는 상상을 하기도 했다. 물론 내가 글을 읽을 줄 알았다면 말이다. 남들처럼 글을 읽을 줄 안다면 나도 '공부가 제일 쉬웠어요.'라고 폼 좀 잡을지도 모를 일이었다. 그랬다면…….

아무리 노력해도 글을 읽을 수 없다는 것을 안 것은 초등학교 3학년 때였다. 그때까지도 부모님은 내 성적에 별로 신경 쓰지 않았다. '개구쟁이어도 좋다. 건강하게만 자라다오.'가 부모님의 모토였기 때문이다. 나는 엄마 나이 마흔넷에 말 그대로 덜커덕 생긴 늦둥이였다. 때문에 부모님은 내가 손가락 발가락 열 개씩 제대로 달고 나온 것만으로도 무척 만족해하셨다. 열 살이 다 되도록 글자를 거꾸로 그려도 그러려니 하셨다. 받아쓰기에서 줄곧 빵점을 받아도 늦둥이라 늦되려니 하셨다.

그러던 어느 날 엄마는 만화 〈포켓몬스터〉에 빠져 학교까지 빠지려 했던 내가 정작 당구장 창문에 박힌 '포켓볼' 글자를 못 읽는다는 사실을 알게 됐다. 동시에 엄마는 뭔가 잘못됐다는 것, 내가 정상이 아닐지도 모른다는 것을 눈치챘다. 그날부터 엄마는 나를 붙잡고 한글을 가르쳤다. 아무리 가르쳐도 낫 놓고 기역 자도 못 읽는 내게 엄마는 곧 절망했다. 그러고는 마침내 병원을 찾았다. 읍내 병원의 의사는 서울로 가 보라고 했다. 물론 우린 시키는 대로 했다.

서울 의사는 난독증(難讀症) 때문이라고 했다. 지능은 정상인데 글을 읽거나 쓰지 못한다는 것이었다. 난생 처음 간 서울이었지만 구경은커녕 병원 구경도 제대로 못하고 바로 집으로 돌아왔다. 그날로 난 휴학이란 것을 했다. 학교를 1년 꿇으면서 엄마의 집중 과외를 받았다. 엄마는 멀쩡하게 생긴 애가 그 쉬운 글자를 읽을 수 없다는 것을 도저히 받아들일 수 없었다. 우선은 온갖 병원과 클리닉을 열심히 돌았다.

하지만 정작 내게는 대체 글을 왜 알아야 하는지 궁금증이 생겼다. 병원에서 자음과 모음으로 만든 카드를 이용해 글자 만들기 훈련을 할 때마다 특히 궁금했다. 글을 못 읽는 난 당연히 이상한 단어를 많이 만들었다. 예를 들어, 나무 그림 위에 ㄴ, ㅏ, ㅁ, ㅜ를 모아서 규칙에 따라 붙여야 했지만, 나는 '마무'라고 붙이기도 하고 '가모'라고 붙이기도 했다. 어느 날은 '고무'라고 붙이기도 했다. 그러면 선생님은 "이것은 고무가 아니라 나무야." 하고 정정해 주셨다. 그런데 사실 나무를 고무라고 한 게 뭐 잘못된 일인가. 사람들과 말이 안 통해서 그렇지 잘못은 아니지 않은가. 그건 나무 자체와는 상관없이 그냥 사람들 사이에서 만들어진 규칙일 뿐이지 않은가. 그래서 어느 날 선생님께 이런 이야기를 했다. 물론 선생님이 내 궁금증을 잘 들어 주리라 기대하진 않았다. 그런데 의외로 선생님은 내 이야기에 관심을 보이셨다.

"우리 광식 군이 기표[2]와 기의[3]에 대해서 관심이 많구나, 어려운 개념인데."

대체 이건 뭥미, 뭔표, 뭔의, 뭔 소리람? 선생님은 설명을 이어 갔다.

"나무를 나무라고 부를 때, 나무라는 발음의 말이 '기표'이고, 그것이 지시하는 나무라는 개념이 '기의'지. 광식 군의 말대로 기표와 기의의 관계가 자의적이라는 것은 똑같은 사물이 한국어로는 '나무', 영어로는 'tree'가 되는 것에서도 알 수 있지. 사실 우리가 사용하는 언어 기호는 사물과 명칭을 결합한 것이 아니라, 개념과 청각 영상을 결합한 것이야. 그러니까 나무를 나무라고 말할 필연적인 이유 같은 것은 없어. 다만 한 언어 공동체 사이에서 그렇게 정했을 뿐이지. 그렇게 정한 이유는 서로 대화를 하기 위해서고."

그리고 선생님은 뭔가 어려운 이야기를 이어 갔다.

난독증은 그리 나아지지 않았다. 그러자 엄마는 병원과 클리닉을 포기하고, 교회와 기도원을 번갈아 돌았다. 나중에는 부적에 굿까지 두어 판 치르고 나서야 마침내 엄마는 내 난독증 치료를 포기했다.

그렇다고 희망마저 버린 것은 아니었다. 엄마는 날 다시 학교에 보냈다. 읽지 못하는 날 대신해 교과서를 읽어 주었다. 엄마가 문제와 보기를 읽어 주면 나는 대답을 하는 식이었지만 어쨌든 그럭저럭 수업 진도는 맞출 수 있었다. 비록 시험지를 읽을 수 없어 여전히 성적표는 엉망이었지만 또래에 비해 내 진짜 실력마저 엉망인 것은 아니었다.

엄마는 동화책이든 위인전이든 닥치는 대로 읽어 줬고, 심지어 하루를 마칠 시간이면 내가 부르는 대로 또박또박 일기를 받아 적어

주기도 했다. 그래서 한 번도 일기에 속마음을 표현한 적이 없다. 비슷비슷한 나날에 대한 지루한 기록……. 그래도 내가 부르고 엄마가 쓴 그 일기는 글자를 읽을 수 있다면 한 번쯤 꼭 읽고 싶은 목록 중 하나다.

영원할 줄 알았던 그런 날들도 끝이 있었다. 중학교에 입학한 지 얼마 안 돼 엄마는 갑자기 나를 대신하던 읽고 쓰기를 그만둬 버렸다. 우리 가족에게 날벼락 같던 그 일이 벌어진 그날 밤 갑자기 엄마 심장이 툭 멈춰 버렸기 때문이다. 덕분에 고등학생인 지금 내가 알고 있는 모든 것은 초등학생 때 배운 게 전부다.

엄마가 돌아가신 후 아버지와 나는 서울로 이사를 했다. 전학도 했다. 이사한 동네에 있는 아주 평범한 남녀 공학이었다. 그 중학교에서의 3년은 정말 악몽이었다. 누가 갈구고 괴롭혔다거나, 너무 가난했다거나, 무슨 신파 영화처럼 엄마 없는 설움이 있었다거나 한 것은 아니었다. 다만 지루했다. 그리고 지독히 외로웠다.

처음 전학했을 때는 참 좋았다. 아는 애들끼리 같은 초등학교와 중학교로 올라가던 고향과 달리 아는 얼굴 하나 없는 이 학교는 은근히 사람 맘을 편하게 하는 구석이 있었다. 물론 학교의 그 누구도 내가 난독증이라는 것을 몰랐다. 엄마가 없는 것도 담임 정도를 빼고는 아는 사람이 없었다. 그리고 또……. 그 일, 엄마의 심장을 멎게 한 바로 그 사건에 대해서도 아는 사람이 한 명도 없었다.

다른 애들과 마찬가지로 수학 시간엔 수학책을 펴 놓았고, 체육 시간엔 운동을, 음악 시간엔 노래를 했다. 숙제를 못해 오면 벌점을 먹고, 지각하면 벌을 섰다. 굳이 따진다면 성적이 바닥이었다는 게 좀 남달랐지만, 나 같은 애들이야 한 반에 몇 명쯤은 있는 거니까 별 문제될 일은 아니었다. 눈에 띄지 않는 평범한 중학생이었다. 그놈의 '우동' 사건 전까지는 말이다.

당시 국어 선생님은 반 애들 모두에게 한 달에 한 권씩 책을 읽는 숙제를 내 줬다. 그달의 책을 다 읽으면 독서 카드에 표시를 하고, 매달 마지막 국어 시간에 지명받은 한두 명 정도가 줄거리와 감상을 발표한다. 나는 줄거리와 감상은 애들한테 대충 주워들은 것으로 준비했고, 발표에 걸린 지난달도 그런 내용으로 무사히 때울 수 있었다.

전학 온 지 두 달 정도 지난 국어 시간이었다. 이달의 책은 '북해정'이라는 우동 집에 대한 얘기였다. 지난달에 걸렸으니 이달엔 걸리지 않겠지 하며 앉아 있는데 웬걸 딱 걸리고 말았다. 난 대충 주워들은 대로 줄거리를 읊었고, 가난한 사람들에 대한 배려와 정이 어쩌고 용기와 웃음을 잃지 않고 저쩌고 해 가며 정답에 가까운 감상으로 깔끔히 마무리를 했다. 발표에 만족한 국어는 지나가듯 내게 책 제목을 물었다.

'아차차, 책 제목이 뭔지 안 외웠다. 우동 뭔데…….'

머뭇거리는 내게 국어는 미소 띤 얼굴로 책을 들어 표지를 보여 주었다.

"자, 그렇게 감동적인 책 제목이 뭐라고?"

책 표지를 본들 내가 뭘 할 수 있겠나.

"우동…… 우동……."

나는 고개를 숙인 채 우물거렸다. 반 아이들이 술렁이기 시작했고, 내게서 이상한 낌새를 느꼈는지 국어의 표정은 심각해졌다. 얼굴은 후훅 달아오르고 손바닥 가득 땀이 고였다. 국어는 아이들에게 조용히 하라고 한 뒤 다시 내 앞으로 걸어왔다. 손에 든 책 표지를 내게 향한 후 부드럽게 다시 물었다.

"우동 뭐뭐뭐?"

물론 아주 열심히 집중하면 한두 글자 정도는 읽을 수 있다. 나는 미간에 힘을 주며 책 표지에 적힌 제목을 읽으려 했다.

'우……도……오, 에이 여기까진 나도 아는데…… 우도옹…….'

이때였다. 기다리다 못한 국어는 들이밀던 책을 거두더니 한숨을 푹 쉬었다. 지푸라기라도 잡는 심정으로 반 전체를 둘러봤으나 입 모양으로라도 힌트를 주는 놈 하나 없었다.

'야속한 놈들…….'

거의 체념한 채 모른다고 말하려는 순간, 앞쪽 구석에 앉아 있던 여자애 하나가 검지를 펴고는 흔들어 보였다.

'하나? 일이라고? 저게 분명 힌트일 텐데…….'

더 이상 머뭇댈 수 없었다. 에라, 모르겠다. 난 외쳤다.

"우동 일인분!"

정적, 잠시 후 떠들썩한 폭소. 아이들은 책상을 두드리며 웃었고, 선생님은 당황해 어찌할 줄 몰라 했다. 아이들은 내게 온갖 의혹의 눈초리도 쏘아 댔다. 나는 평범한 중학교 생활이 끝나고 있음을 직감했다. 그 책의 제목은 《우동 한 그릇》이었다.

"한 그릇이니까 일인분 맞지 뭐……."

고개를 푹 숙인 채 자리에 앉으며 중얼거렸지만 입안은 썼다. 수업이 끝난 후 교무실로 불려 간 나는 국어에게 사실대로 이야기했다. 국어는 부드럽게 날 위로하며 아이들이 놀리거나 할 일은 없을 테니 걱정하지 말라고 했다.

순진한 내 예상은 정확히 빗나갔다. 별일은 일어나고 말았다. 담임이 심각한 표정으로 종례를 할 때부터 낌새가 이상했다. 분명 국어한테 무슨 소리를 들었을 텐데……. 아니나 다를까, 담임이 한다는 소리. 우리 반 전학생이 난독증이다, 난독증이란 이러저러한 병이다, 그러니 여러분이 많이 도와줘라. 이럴 수가! 심지어는 반장을 비롯한 임원진에게 돌아가며 내 공부를 도우라고 했다. 요일별 도우미까지 바로 그 자리에서 정했다. 부반장과 체육부장을 뺀 나머지 임원진은 모두 여학생이다. 남자애들이 도와준다고 해도 쪽팔려 죽을 판에 계집애들이라니……. 이건 선생이라는 이름으로 자행되는 일종의 학대요, 인권 침해나 마찬가지였다.

첫 주는 도우미 애들을 슬슬 피해 다녔다. 그런 내 태도를 은근히 반기던 도우미 두어 명은 스스로 알아서 포기했다. 둘째 주부터는 아예 대놓고 무시했다. 그래도 엉기는 애들한텐 불량스럽게 개갰다. 이쯤 되자 도우미 애들도 딱히 물고 늘어지지 않았다. 역시 똑똑한 애들이라 눈치가 빨랐다. 어차피 자발적으로 한 일이 아니라 포기도 쉬웠을 테고. 담임 역시 강제로 할 수 없는 일이라 판단했는지 유야무야 흐지부지……. 뭐, 그렇게 됐다.

아무튼 그날부터 난 모든 일에 열외였다. 숙제도 열외, 학교 평균 까먹는다고 시험에서도 열외, 글짓기 대회나 영어 말하기 대회도 당연히 열외였다. 단지 글을 못 읽고 못 쓸 뿐인데, 말도 못하고 생각도 못하는 쓸모없는 인간 취급을 받았다. 그렇게 무쓸모 인간으로 낙인이 찍힌 순간, 나는 더 이상 정상적인 학생이 아니었다. 말 그대로 비정상이었다. 나는 전혀 변한 것이 없는데도 말이다.

이해할 수가 없었다. 난 원래부터 읽고 쓰지 못했는데……. 사람들이 그 사실을 몰랐을 땐 정상 취급하더니 그 사실을 안 순간 비정상으로 치부해 버리는 현실에 화도 났다. 물론 지금도 납득이 되지 않는다. 그냥 그러려니 할 뿐이다.

그렇게 비정상으로 분류된 후 난 우리 중 하나가 아닌 남들 중 하나가 됐다. 글을 읽고 쓸 줄 아는 아이들은 그렇지 못한 나를 저런 애들이라 부르며 밀어냈다. 난독증인 내가 아무리 '우리가 남이가?'라고 외쳐도, 글을 읽고 쓸 줄 아는 사람들에게서 돌아오는 대답은 '맞다, 남이다!'였다. 그들과 다르다는 이유로 난 타인이 되어 버렸다.

그 후 졸업할 때까지 나는 우리 중 하나로, 다시 말해 정상인 중 한 명으로 다시는 돌아가지 못했다. 처음엔 날 밀어내느라 공격적이던 아이들도 내가 알아서 '우리' 부류에서 빠져나가자 더 이상 신경 쓰지 않았다. 그리고 금세 날 잊어버렸다. 그렇게 난 선 밖으로 완전히 밀려나고 말았다.

투명 인간처럼 다녀야 했던 중학교는 정말이지 끔찍하게 심심했다. 아무도 학생으로 친구로 대하질 않으니 중학생인 내가 할 게 뭐 있겠는가 말이다. 그저 교실에 앉아 심심해할 수밖에. 심심해서 온몸이 뒤틀리면 생각했다. 난 변한 게 없는데 왜 갑자기 이렇게 선 밖으로 밀려났을까? 내가 다르다는 게 밀어낼 이유가 되는 걸까? 누가 밀어냈을까? 날 밀어내고 그들이 얻는 것은 무엇일까?

그러나 이런 질문을 아무에게도 할 수 없었다. 비정상인 나의 질문은 정상인 그들에게 그저 헛소리일 뿐이니까. 그래서 난 결심했다. 여기서 제일 먼 고등학교로 갈 것이다. 그리고 다시는 내 입으로 난독증이라는 이야기를 하지 않을 것이다. 난독증이라는 것을 들키지도 않을 테다. 먼 고등학교에 가려면 먼 곳에 살아야 했다. 난 아버지를 설득해 이사부터 했다. 한 시간도 넘게 버스를 타고 가야 했지만 상관없었다. 그렇게 입을 다물고 귀를 막은 채 조용히 학교를 들락거렸다.

고등학교는 좀 달랐다. 기대대로 같은 중학교 출신 애들이 하나도 없었다. 과거를 들출 인간이 없다는 뜻이다. 더욱이 고등학교는 공부 잘하는 애들 중심으로 각자 알아서 돌아가는 분위기였다. 수업 시간이면 애들은 선생님의 강의를 듣거나 잤다. 자는 애들을 굳이 깨우는 선생님도 없었다. 특히 나처럼 공부도 못하고 조용한 애가 숨어 있기에는 딱 맞는 곳이었다. 오히려 1년 꿇은 내 경력을 알고 윗사람 대접해 주는 몇몇 동생들 덕에 나름 편한 학창 시절을 보내고 있었다. 그렇게 다니다 보면 어쨌든 졸업장은 딸 수 있다. 그걸로 충분했다. 최소한 고등학교 졸업장은 있어야 한다는 엄마의 바람을 이룰 수 있으니까 말이다.

그런데 이런 사고가 터진 것이다. 그리고 이곳까지 흘러오게 되었다. 그러고 보니 엄마는 왜 그런 바람을 남기고 돌아가신 것일까. 엄마가 바라지 않았다면 그까짓 고등학교 졸업장에 이렇게 목매지는 않았을 거다.

'무조건 열심히'를 되뇌며 무작정 열심히 하고 있긴 하지만 왠지 행복은 점점 멀어지는 것만 같다. 아니 처음부터 뭐가 잘못된 건지도 모르겠다. 사회가 필요로 하는 사람으로 완전히 새롭게 다시 태어나라니……. 대체 왜? 솔직히 난 그냥 지금의 내가 좋다. 날 바꿔야겠다는 생각을 해 본 적도 없다. 글은 모르지만 이렇게 그냥 어른이 돼도 아무 지장 없이 행복하게 살 자신도 있다. 그런데 내가 왜 통째로 바뀌어야 하는가 말이다.

은근 두렵기도 했다. 과연 새롭게 다시 태어날 수 있을지, 그러고 나면 원래 있던 곳으로 돌아갈 수 있을지, 이곳에서 이렇게 평생 살게 되는 것은 아닌지……. 게다가 언제부턴가 마치 중학교 때로 돌아간 듯한 기분이 들기 시작했다. 빡빡한 일정에 눈코 뜰 새 없이 바쁜데도 하루하루는 마냥 지루하기만 했다. 정상 사이에서 비정상으로 사는 것도 지루한 일이지만, 비정상끼리 모여 정상이 되려고 애쓰는 것도 지루한 일이었다. 이제는 아예 세상에서 버려져 뚝 떨어져 나온 듯 외로웠다.

[1] 1706년 라 살레(J. B. de La Salle, 1651~1719년)가 지은 《글쓰기 훈육 방법》(Conduite des écoles chrétiennes)에서 인용.

[2][3] 기표(記標, signifiant)와 기의(記意, signifié)는 스위스의 언어학자 페르디낭 드 소쉬르(Ferdinand de Saussure, 1857~1913)가 정의한 기호의 근본을 이루는 두 성분이다. '기표'는 의미를 전달하는 매체로써 기호를, '기의'는 기호가 가지는 의미를 말한다. 소쉬르에 의하면 기표와 기의의 관계는 기호 속에 표상되어 있는 외부 현실에 좌우되지 않는다. 그것은 오히려 자의적이고 관습적인 것이다.

# 2

# 광식이 형,
# 광태

이곳이 일반 고등학교랑 다른 점은 또 있었다. 매일 수업이 끝나면 면담을 해야 하는 것이다. 그것도 담임이나 상담 선생님이 아니라 의사랑 말이다. 정신과 의사와 상담실이 아닌 진료실에서 마주하는 건 그리 기분 좋은 일은 아니었다. 글을 모르는 것은 정신적인 문제가 아닌데 마치 정신병자 취급을 당하는 기분이니 말이다.

그렇다고 아무렇게나 대할 수도 없었다. 듣자 하니 그 의사의 평가가 일반 고등학교로의 컴백 여부에 지대한 영향을 미친다고 했다. 그래서인지 이곳 학생들은 교사보다 의사의 눈치를 더 보는 것 같았다. 마치 의사가 최고 권력자라도 된다는 듯 모두 굽실댔다. 물론 나도 마찬가지였다.

이곳은 30분 단위로 움직인다. 모두에게 공통으로 적용되는 일과표가 30분 단위로 나뉘어져 있기 때문이다. 한 번도 일정이 바뀌거나 시간을 어기는 일은 일어나지 않았다. 물론 오늘 아침까지는 그랬다는 이야기다.

오전 수업을 마치고 점심 식사를 하러 식당으로 가는 길이었다.

갑자기 담임이 나타나더니 따라오라고 했다. 일과표를 어기는 것은 처음이라 의아해하면서도 혹시 뭘 잘못했나 싶어 긴장했다. 담임을 따라 미로 같은 복도를 지나 도착한 곳은 본관 건물이었다. 우리가 있는 건물과는 완전히 달랐다. 마치 유럽의 대리석 건물처럼 웅장한 모습이었다. 높은 천장에는 멋진 샹들리에가 매달려 있었다. 복도를 따라 촛대가 죽 늘어서 있고, 가끔씩 보이는 문도 모두 육중했다. 타임머신을 타고 200~300년 전으로 돌아간 느낌이었다.

복도 끝 입구 한쪽에 사람들이 모여 있었다. 지나치며 흘끔 보니 무슨 일이 있었는지 아님 공사를 막 시작했는지 입구 벽 한쪽이 무너져 있었다. 몇몇 인부가 서둘러 일하고 있었다. 일을 시키는 사람은 화라도 난 듯 큰 소리로 작업을 재촉했다. 하지만 인부들은 그저 기계적으로 움직이는 분위기였다. 그들을 지나쳐 가는데 뭔가 찜찜했다. 다시 돌아본 순간 한 인부와 눈이 딱 마주쳤다. 어, 재…… 재는?

"앞만 보고 걷는다!"

담임이 뒤를 돌아보던 내게 주의를 주었다.

재가 누구더라? 분명 아는 얼굴인데……. 아, 생각났다! 2학년 초부터 갑자기 학교에 오지 않더니 나중에 퇴학당했다고 소문난 녀석이다. 게임 아이템 사느라 편의점을 털었다는 소문도 있었고, 게임 중독이라 병원에 들어갔다는 소문도 있었다. 재 이름이 뭐더라? 아, 분명히 알았는데 뭐더라. 그런데 왜 학교에 있지 않고 여기서 일하게 되었을까? 퇴학당한 지 1년이 넘었는데 왜 아직도 여기에 있지? 이 특수학교 교육만으로는 새로 태어나기가 잘 안 됐나? 그럼 나는……? 나도 저렇게 되는 건 아닐까.

"여기다."

순식간에 온갖 생각이 밀려드는데 담임의 목소리가 들렸다. 엄청나게 큰 그림이 한쪽 벽에 걸려 있었고, 그 옆으로 육중한 문이 반쯤 열려 있었다.

안에서 날 맞이한 사람은 의외로 담당 의사 선생님이었다. 여러 가지로 머릿속이 복잡했는데 아는 얼굴을 보니 그나마 좀 안심이 됐다. 의사 선생님은 웃으며 내게 앉으라고 권했다. 간호사는 코코아도 한 잔 주었다. 아, 이게 얼마 만에 마시는 코코아인가. 허겁지겁 한 모금 마시자 그 달콤함에 금방 기분이 좋아졌다.

"자네 아주 많이 좋아졌다지? 모범생이라며?"

내가 모범생이라니……. 머리털 나고 처음 듣는 칭찬이다.

"이대로 열심히만 하면 금방 돌아갈 수 있겠구먼."

얼굴이 달아오를 정도로 기뻤다. 의사 선생님은 서류 봉투 같은 것을 열며 한마디 덧붙였다.

"게다가 알고 보니 이 학교에 꼭 필요한 학생이더군."

내가? 마시던 코코아 잔을 내려놓고 의사 선생님을 빤히 쳐다보았다.

"이건 학교를 위한 일이니 자네가 꼭 도와주길 바라네."

내게 학교를 도울 능력이 있다니! 나는 기꺼이 대답했다.

"네! 열심히 하겠습니다."

의사 선생님은 자상한 미소를 지으며 봉투에서 사진 한 장을 꺼내 밀었다.

"이 사람, 누군지 알아보겠나?"

순간, 쿵 가슴이 내려앉았다.

"이름이 김광태라고 하던데……. 자넨 김광식이고, 그렇지?"

분명 다 알고 하는 질문이다. 발뺌 같은 건 소용없다. 대체 왜? 초조했지만 마음을 들키지 않기 위해 일부러 태연한 척했다.

"제 형입니다."

"음……. 형에 대해 설명해 주겠나? 아는 대로 전부."

뭔가 미심쩍었다. 갑자기 형에 대해 이야기하라니 이건 별로 좋지 않은 징조다.

"형에 대해서요? 그건 왜……?"

"학교를 위해서 필요하다네."

의사 선생님은 여전히 미소를 지으며 대답했다.

난 솔직히 더 이상 형과 엮이기 싫었다. 따지고 보면 내가 여기 있는 것도 다 형 때문이 아닌가 말이다. 여기서 선을 그어야 했다.

"형 문제라면 전 아는 것이 없습니다."

"아, 자네가 왜 그러는지 이해하네. 우리도 자네 형이 텔레비전에 출연해 자네 가족이 곤란해진 일 정도는 알고 있네. 그러나 우리에게 그런 것은 별 문제가 안 되네. 다만 형이 어릴 때 어땠는지, 가족하고는 어떻게 지냈는지, 어떤 생각을 하며 자랐는지, 뭐 그런 것들을 알고 싶을 뿐이네."

일단 다행이다, 그 이야기가 아니라서. 굳었던 마음이 풀리는 듯했다. 하지만 뭐부터 아니 뭘 빼고 이야기해야 할지 판단이 서질 않았다. 망설이는 기색이 역력했던지 의사 선생님은 부드럽게 재촉을 했다.

"우리는 자네 형에게 관심이 아주 많네. 어떤 면에서는 형의 도움이 필요하다네. 서로 발전적인 관계를 모색해 볼 수 있을 것 같은데……. 그러기 위해서는 좀 더 많은 정보가 필요해서 말이야. 오픈 마인드로 얘기해 주게."

의사 선생님은 한마디를 덧붙였다.

"형이 꽤 똑똑하더군. 공부도 아주 잘했고."

그랬다. 형은 요즘으로 치면 전형적인 엄친아였다. 일단 동네가 다 알아주는 수재였다. 비록 지방의 작은 읍이었지만 초등학교부터 고등학교 때까지 전교 일등 자리를 놓친 적이 없었다. 더욱이 외모 역시 잘생긴 꽃남 스타일은 아니지만 정이 가는 훈남 스타일이었다.

하지만 성격은 괴팍했다. 자기 자신의 모든 것에 대해 부정적이었고, 속에는 열등감도 있었던 듯싶다. 하지만 성질은 집에서나 부렸고 밖에서는 별로 티를 내지 않았다. 이런 형의 성격은 공부를 잘한다는 사실과 훈남 스타일이라는 이미지에 가려 가족 외에는 아무도 몰랐다. 형은 어릴 적부터 몸이 허약했는데, 이것마저 사람들은 촌구석에서는 보기 힘든 지적 이미지로 받아들일 정도였다.

한때 성당에 다니며 성가대 활동을 한 적도 있었다. 당시 신부님은 형이 노래도 잘하고 믿음도 깊다며 공개적으로 칭찬을 하시곤 했다. 형은 단지 성가대가 입는 치마 같은 옷이 좋아서 성가대 활동을 했을 뿐인데도 말이다. 물론 그땐 아무도 몰랐지만 말이다. 아무튼 형은 집안, 학교, 동네의 자랑이었다. 그런 형 덕분에 코딱지만 한 만화방을 운영했던 부모님도 동네에서 어깨를 쫙 펴고 살 수 있었다.

그렇게 고3이 된 형에게 서울대 진학은 당연한 일이었다. 그런데 어찌된 일인지 형은 서울대를 똑 떨어지고 말았다. 물론 형보다 부모님이 더 충격을 받았다. 원인을 찾아 나선 엄마는 형의 수준에 비해 우리 동네 교육 환경이 현저히 떨어진다는 결론을 얻었다. 당연히 형의 재수 장소는 서울이었다. 그렇게 형은 서울로 갔다.

완벽한 뒷바라지를 결심한 엄마는 전세였던 만화방을 월세로 돌리고 그 돈으로 형에게 방을 얻어 주었다. 당시 지방에서 올라온 재수생들은 대부분 여럿이 쓰는 하숙집에서 지냈지만, 형은 혼자만 쓰는 자취방을 얻었다. 물론 공부에만 집중할 수 있는 환경이긴 했지만 형이 조금만 덜 까다로웠다면 재수 뒷바라지에 우리 집 기둥뿌리 하나가 날아가는 일까지는 없었을 것이다. 어쨌든 1년 후 형은 당당히 서울대에 입학했다. 전공으로 철학을 선택한 게 의외긴 했지만 아무튼 형의 앞날은 탄탄대로였다. 서울대야말로 대한민국 최고의 엘리트

양성 기관이자 출세가 보장된 곳이니 말이다.

대학에서 형의 성적은 다른 학생들과는 비교할 수 없을 정도로 빼어났다. 몇몇 사람은 천재라 부르기도 했다. 하지만 형은 사람들과 잘 어울리지 못했다. 대학 생활에 잘 적응하지도 못했을 뿐더러, 가끔은 대학이 자신을 억압한다고 느끼기까지 했다. 형은 곧 문제아가 됐다.

내성적인 성격 탓에 사람들을 피했지만, 한번 만났다 하면 공격적인 성격으로 돌변했다. 원래 잘 참지 못하는 성격이라 사소한 일에도 불같이 화를 내고 욕설을 퍼부었다. 냉소적인 데다 거칠었고, 논쟁적인 성격 탓에 아무하고나 논쟁을 벌였다. 타협하지 못하는 성격이어서 자기를 공격하거나 자신의 기준에 부합하지 않는 사람은 용서하지 않았다. 형의 천재성을 인정하는 사람도 그런 형을 좋아하지는 않았다. 누가 이런 사람을 좋아할 수 있는가 말이다. 특히 동급생들은 형을 몹시 싫어해 미친놈으로 취급하기도 했다.

천재라 인정받던 형은 오히려 자신의 천재성을 드러내기 위해 반쯤 미치광이 취급을 받아도 무방하다고 느끼는 사람이었다. 하지만 자존심이 유난했던 만큼 속으로는 외로움도 많이 탔다. 형은 우울증에도 시달렸다. 면도칼로 자신의 가슴을 긋기도 하고, 자살하겠다고 알약을 잔뜩 먹어 병원에 실려 가기도 했다.

사태가 심각하다고 느낀 부모님은 남이 알까 두려워 쉬쉬하면서도 정신과 의사에게 형을 데려갔다. 하지만 형은 왜 그런 행동을 했는지 솔직하게 말하지 않았다. 신기한 건 그런 소동을 겪었지만 형의 성적은 늘 좋았다. 사고 칠 때를 빼고는 무서울 정도로 공부에 매달렸으니까. 물론 난 어렸기 때문에 형에 대한 모든 일을 잘 알지는 못한다. 또 어디까지가 진짜고 어디부터가 부풀려진 건지도 모른다. 아무튼 미친놈 소리를 들어 가면서도 우수한 성적으로 학과 과정을 마친 형은 취직 대신 공부를 선택했다. 하지만 공부를 더 하기 위해 학교에 남거나 외국으로 유학을 간 것도 아니었다. 뜬금없이 집으로 내려왔다. 읍내도 아닌 저 외곽에 있는 뭔 병원에 다니며 심리학을 공부하겠다는 거였다.

당시 엄마는 난독증인 날 구제하느라 집안의 기둥뿌리를 마저 뽑고 있었다. 그런 때문인지 형의 말에 별로 신경 쓰지 않았다. 물론 부쩍 어려워진 살림살이 때문에 은근히 형의 취직을 바라긴 했지만 언젠가 큰 인물이 될 형이 공부 좀 하겠다는데 만류할 부모님이 아니었다. 당시 아버지는 월세도 못 내던 만화방을 접고 중고 트럭을 하나 사 주로 서울 변두리 동네를 돌았다. 돈벌이는 시원치 않았고, 변두리를 돌면 돌수록 아버지의 얼굴도 햇빛에 쪼글쪼글 타 들어갔다.

나중에 안 사실이지만 그 당시 형이 들어간 곳은 정신병원이었다. 형은 병원에서 심리 검사를 맡았다. 주로 환자의 실험 결과를 기록하고 측정하는 일을 했다.

병원에서 생활하던 형은 일주일에 한 번씩 집에 왔다. 당시 우리 집엔 방이 두 개 밖에 없어서 그때마다 나는 형과 한 방에서 자야 했다. 그때 난 형에게 이상한 버릇이 있다는 것을 알았다. 아무거나 생각나는 대로 툭툭 혼잣말을 뱉는 버릇 말이다. 언뜻 내게 말을 거는 듯했지만 그건 아니었다. 형과 나는 세대 차이가 있는 데다 지적 수준도 그렇고 감성적인 코드마저 맞지 않아 애초부터 대화라는 것이 불가능했다. 그 사실을 잘 알던 형이므로 내게 말한 것이 아니라 혼잣말을 했을 뿐인데, 하필 그 자리에 내가 있던 것이지 싶다.

나를 향해 알 수 없는 이야기를 중얼거리던 초반에는 예의상 또는 분위기 전환용으로 질문이라는 것을 하기도 했다. 예를 들면, "형이 하는 일은 뭔가요?" 같은 것이었다. 이렇게 간단한 질문에도 형은 금방 대답하지 못했다. 한참을 생각하더니 한다는 말이 "나는 내가 무엇을 하는지 정확히 인식할 필요는 없다고 생각해."[4] 였다.

어허~ 이러고 있다. 그래도 난 꿋꿋이 질문을 이어 나갔다.

"형은 어쩌다 이런 일을 하게 됐나요?"

이번엔 형이 즉각 대답했다.

"나를 충동질한 동기는 아주 간단해. 몇몇 사람이 보기에 그것 자체만으로도 충분할 수 있으리라 생각하지. 그것은 호기심인데, 어쨌든 유일하게 약간은 고집스럽게 실행할 만한 가치가 있을 그런 류의 호기심이거든."[5]

또 이러고 있다.

물론 진짜 궁금해서 물어본 것도 있었다. 형의 전공이 철학이라는데 그 철학이란 게 뭔지 도무지 알 수가 없어서 철학이 뭔지 물었다.

"철학이란 기존의 것에 정당성을 부여하는 것이 아니라 다르게 사유할 수 있는 것이 얼마나 가능한지를 가늠하는 것이지."

끝까지 이러고 있다. 당연히 그 이후로 나는 형에게 어떤 것도 묻지 않았다.

어느 날은 형이 내게 질문을 한 적도 있었다.

"넌 내가 누군지 아니?"

"형은 형이지요."

당연하다는 듯 대답하자 형은 단호히 고개를 저었다.

"아니. 틀렸어. 인간은 누구나 변화하므로 하나로 규정할 수 없거든. 그러니까 내게 누구냐고 묻지도 말고 항상 같은 사람으로 있으라고 요구하지도 마."

갑자기 머릿속에서 딩~ 하는 소리가 들렸다. 대체 뭐라는 건지. 내가 언제 뭘 요구했다고. 그 후로 난 형이 뭔가 질문을 하는 듯싶으면 잽싸게 자는 척했다. 물론 형은 내가 자든 말든 혼자 이야기를 이어 나가곤 했다. 그래서 형의 혼잣말을 잠들 때까지 들어야만 했다.

이렇게 우연히 듣게 된 형의 혼잣말을 종합해 몇 가지 사실을 알 수 있었다. 형이 병원에 간 진짜 이유는 이른바 미친놈을 직접 보고 싶어 했기 때문이다. 형은 자신을 미친놈이라고 부르는 인간들에게 진짜로 미쳤다는 게 무엇인지를 정확히 설명하고 싶다고 했다. 불행히도 형은 비유법을 몰랐던 거다. 사실 형에게 미친놈이라고 한 것은 미친놈같이 특이하다는 거였지 진짜 미친놈이라는 뜻은 아니었으니까. 정신이 뺑 돌았다거나 완전 비정상이라고 할 수는 없지만 형은 어쨌든 다른 사람과 많이 다르니 정상이라고 하기에는 그렇고……. 하여간 그래서 미친놈 같다는 거였는데…….

아, 복잡해. 어쨌든 이른바 천재인 형이 진짜로 미쳤을 리는 없지 않은가 말이다. 그런데도 비유법을 모르는 형은 미친놈, 아니 형 표현에 의하면 광인(狂人)을 연구하겠다고 결국 병원까지 들어간 셈이었다. 형은 의사의 관점에서 광인을 분석하는 일을 한다고 했다. 난 그게 정확히 무슨 일이었지 아직도 모른다.

처음에 형은 자신의 일에 충실했다. 형이 주로 한 이야기는 미친놈들과 병원에서 벌어진 일에 대한 일종의 수다 같은 거였다. 그런데 한 3개월 정도 지나자 달라지기 시작했다. 슬슬 병원의 치료 방법이 맘에 들지 않았던 듯싶다. 광인을 치료하는 메커니즘이 낯설게 느껴진다며 뭔가 다르게 접근해야 한다고 했다. 다르게 그러나 제대로 접근하는 방법을 찾으려면 기존과는 다르게 사고해야 한다고 했다. 그러고는 어느 날부턴가 정신병은 병 자체의 문제가 아니라 세상과의 관계 문제인 것 같다는 이야기를 반복해서 중얼거렸다.

대체 뭔 소린지. 미친 거랑 이 세상이랑 무슨 상관이라고. 사실 이때 눈치챘어야 했다. 형이 점점 이상해지고 있다는 것을……. 하지만 난 그저 내가 열두 살짜리 어린애라 형의 이야기를 이해하지 못한다고만 생각했다. 그 후로 형은 점점 자신만의 세상으로 깊이 들어가는 듯했다. 그전처럼 병원 일을 재밌어 하지도 않았고, 집에 돌아와도 혼자 떠드는 시간이 점점 줄었다. 대신 도서관에서 빌려 온 두꺼운 책 같은 것들을 읽다가 잠이 들곤 했다.

그렇게 3년 쯤 지난 어느 날 형의 입에서 의외의 단어가 삐져나왔다. 사랑……. 사랑이라는 단어가 형과 너무나 어울리지 않아 자는 척하던 나는 하마터면 '뭐라고요?' 하고 되물을 뻔했다.

그날 이후로 형은 사랑에 대해 장황하게 이야기를 늘어놓았다. 고통스럽다고도 했고, 절대 해서는 안 된다고도 했다. 한편으로는 행복하다고도 했다. 형도 그 사람도 똑같이 하이데거[6]와 니체[7]를 좋아해서 같이 대화하는 것이 즐겁다고 했다. 세상에나! 하이데거? 니체? 뭔지는 모르지만 아무튼 이렇게 이상한 용어를 들먹이는 연애라니…….

어떤 날은 뜬금없이 사랑을 위해 이민을 가야 한다고도 했다. 미국 캘리포니아 같은 데로 말이다. 진지하게 "사랑은 의학적으로 치유할 수 있는 것이 아니라 사회적으로 용인해야 하는 것……."[8]이라고 중얼거리기도 했다. 그때 난 그저 형같이 이상한 천재가 사랑에 빠졌다는 것이 신기했다. 그런 형의 사랑은 하이데거나 니체라는 용어만큼 왠지 특별할 듯했다. 그리고 그런 내 예감은 정확히 맞아떨어졌다.

그러니까 중학교 1학년 첫 중간고사가 끝난 어느 주말 밤이었다. 저녁 식사 후 부모님과 함께 시사 프로그램 〈그것이 알고 싶다〉를 보고 있었다. 그러다 난데없이 불벼락을 맞았다. 화면 속에는 형이 있었다. 형은 인터뷰를 통해 자신이 어떤 작곡가와 사랑에 빠져 2년째 연애 중이라고 했다. 그것은 재앙이었다. 형이 말한 사랑은 동성애였다. 형은 그 흔한 모자이크나 음성 변조 없이 텔레비전 브라운관을 통해 커밍아웃 중이었다. 엄마의 얼굴은 하얗게 얼었고, 아버지의 얼굴은 벌겋게 끓었다. 온 동네가 형의 이야기로 들끓었다. 그리고 형이 커밍아웃 후 컴백홈하던 바로 그날 모든 것은 끝이 났다.

집 안으로 들어서는 형을 보자마자 부모님은 동시에 달려들었다. 엄마는 다짜고짜 울기만 했고, 아버지는 다짜고짜 패기만 했다. 집 안은 순식간에 엄마의 곡소리와 아버지의 구타 소리 그리고 형의 비명소리로 범벅이 됐다. 마치 셋은 경쟁이라도 하듯 어느 누구도 멈추려 들지 않았다.

제일 먼저 멈춘 것은 엄마였다. 심장마비였다. 아버지는 패다 말고 형은 맞다 말고 엄마의 장례부터 치러야 했다. 그리고 아버지와 형의 2차전은 더 이상 열리지 못했다. 산에 엄마를 묻고 내려오던 날, 형이 조용히 떠났기 때문이다. 그냥 가기 섭섭했던지 아니면 추억이 될 만한 물건을 간직하고 싶었던지 형은 아버지의 헌 트럭을 가지고 떠났다. 나중에 형의 병원으로 찾아가 보았지만, 우리가 오기 바로 며칠 전 형은 사표를 내고 떠났다고 했다.

얼마 후 아버지와 나도 그곳을 떠났다. 아버지가 내 손을 붙잡고 데려간 곳은 서울 변두리의 단칸 옥탑방이었다. 갈 데라곤 막노동판밖에 없던 아버지는 밥 대신 술만 퍼 마셨고, 갈 데라곤 학교밖에 없던 나는 밥 대신 물만 퍼 마셨다. 몇 년 후 난 고등학생이 됐고, 아버지는 위암 환자가 됐다. 그리고 올 3월, 나는 고3이 됐고, 아버지는 고인(故人)이 됐다. 처음엔 혼자 먹는 밥, 혼자 자는 방이 좀 어색하기도 했지만 이따금 스무 살은 홀로 서기에 딱 좋은 나이라는 생각이 들기도 했다.

하지만 나의 홀로 서기는 오래가지 못했다. 불쑥하고 형이 나타났기 때문이다. 어느 날 밤, 문 두드리는 소리에 나가 보니 말쑥하게 빼입은 형이 무표정하게 서 있었다. 내가 '엇!' 하고 놀라는 사이 형은 집 안으로 들어섰다. 마치 원래부터 자기가 살던 집이라는 듯 뻔뻔하게. 주소를 어떻게 알아냈는지 모르지만 깔끔한 컴백홈이었다.

방에 들어선 형은 금의환향이라도 한 듯 의기양양했다. 심지어는 얼떨떨해하는 내게 신경 쓰지 말고 편히 있으라는 친절한 멘트까지 날렸다. 처음 며칠 동안 형은 집 안의 각 잡기에 열중했다. 여기저기 굴러다니는 잡동사니를 가차 없이 버리고는 구석구석 집 청소를 했다. 허름했던 집이 금세 반들거렸다. 작은 옷장을 사 와 옷이며 이불이며 딱딱 크기에 맞춰 개 넣었고, 수건도 색깔 맞춰 나란히 걸었다. 그러고는 떡 하니 방 한가운데에 커다란 책상과 의자를 들였다. 책상 위에는 들고 온 노트북을 놓았고, 책상 가장자리에는 들고 온 책을 줄 맞춰 쌓았다. 그리고 형은 하루 종일 책상 앞에 앉아 무언가를 읽거나 써 댔다.

물론 아주 이따금씩 아침에 나가 밤늦게 돌아온 적도 있었다. 그럴 때면 커다란 가방 가득 책 같은 것을 싸 들고 돌아왔다. 그것은 책이라기보다 뭔가를 기록한 오래된 서류 더미 같았다. 형은 그 서류를 꼼꼼히 읽다가 색이 다른 작은 종이에 나누어 메모를 했다. 그렇게 분류한 메모가 어느 정도 쌓이면 미친 듯이 무언가를 써 내려가곤 했다. 누렇게 바래고 곰팡내 나는 종이 더미 사이를 오가며 뭔가 샅샅이 뒤지는 모습이 마치 오래된 보물 지도의 암호를 풀고자 애쓰는 고고학자 같았다.

한집에 살면서도 형과 난 좀처럼 대화라는 것을 하지 않았다. 어쩌다 마주쳐도 형은 입꼬리를 살짝 올려 미소를 지어 보일 뿐이었다. 워낙 말에 인색한 형은 종일 침묵하다시피 했다. 어쩌다 중얼거리듯 말했지만 그건 내게 침묵이나 마찬가지였다. 아무리 귀 기울여도 무슨 뜻인지 도통 알 수 없었으니 말이다.

처음엔 형이 하는 말을 이해하려고 노력해 봤으나 모두 허사였다. 나도 모르는 새 하나 마나 한 형의 그 말들을 침묵의 일부분으로 받아들이게 됐다. 그러다 보니 같이 살면서도 형에 대해 아는 것이 별로 없었다. 5년 전 집을 나가서 어디서 무엇을 하고 살았는지, 갑자기 왜 돌아왔는지, 요즘은 무슨 생각을 하며 사는지, 돈은 어디서 생겨서 가끔 텔레비전 위에 놓아두는 것인지, 그리고 사랑……. 형의 그 시끄러웠던 사랑은 어떻게 됐는지 등등 말이다. 간혹 물어볼까 싶긴 했지만 궁금해 죽을 정도는 아니었다.

그렇게 생각하니 나 역시 할 말이 없긴 마찬가지였다. 본의는 아니었지만 형의 이상한 침묵 때문에 나 역시 침묵하게 됐다. 그런 침묵이 불편해 형과 마주할 일을 될 수 있으면 피했다. 더욱이 당시 나의 귀가 시간은 점점 늦어졌다. 밤늦게 자율 학습이 끝난 후에도 나는 전투에 나가 적과 전쟁을 벌이기 바빴으니까. 물론 게임방에서 말이다. 그렇게 석 달 정도 살았을까……. 어느 날 형은 홀연히 사라졌다. 쪽지 한 장 남기지 않은 채.

"그러고는 사라졌다?"

"네."

"그게 단가?"

'일단은요.'

나는 그렇게 생각하면서 목이 너무 말라 남은 코코아부터 한 모금 마셨다. 코코아는 어느새 다 식어 텁텁했다. 의사 선생님은 내가 별 대꾸를 하지 않자 그만 돌아가도 좋다고 했다. 내 이야기에 만족한 듯도 하고 실망한 듯도 한 알 수 없는 표정이었다. 나는 일어나 인사를 하고 뒤쪽에 서 있던 담임을 향해 돌아섰다.

"그런데……. 혹시 기다리진 않았나?"

의외의 질문에 난 의사 선생님을 돌아봤다.

"……. 잘 모르겠습니다, 기다렸는지는."

난 솔직히 대답했다.

"돌아올 거라는 생각은 안 해 봤나?"

"물론 돌아올 거라고 생각은 했습니다. 제가 어디에 있든 절 찾아올 거라고. 언젠가는, 반드시."

갑자기 울컥하고 목이 메었다.

아, 바람이라도 좀 불었으면…….

[4] 미셸 푸코의 1982년 미국 버몬트대학 인터뷰 중에서

[5] 미셸 푸코 《성의 역사 Ⅱ》 중에서

[6] 마르틴 하이데거(Martin Heidegger, 1889~1976), 독일의 철학자.

[7] 프리드리히 니체(Friedrich Wilhelm Nietzsche, 1844~1900), 독일의 철학자.

[8] 1950년대 푸코는 젊은 작곡가인 장 바라케(Jean Barraqué, 1928~1973)를 만나 연애를 한다.

# 3

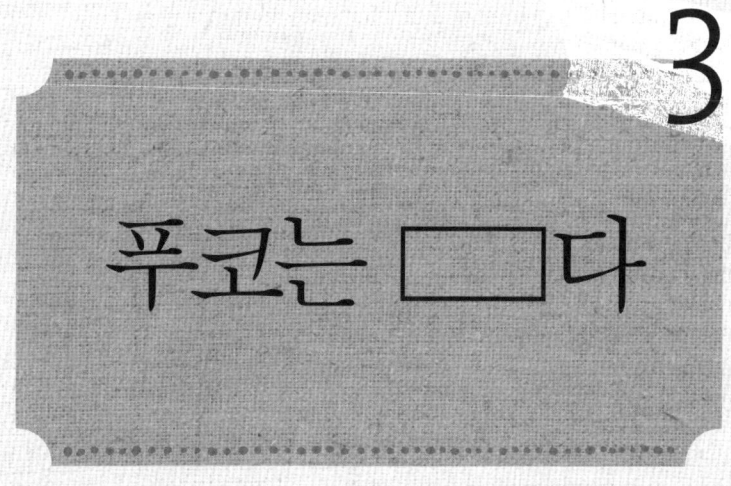

# 푸코는 □다

돌아오는 길은 갈 때와 또 달랐다. 나를 기다리고 있던 담임을 따라 이번에는 뒤쪽 문으로 나와 또다시 미로 같은 복도를 따라 돌고 돌았다. 약간은 서운했다. 돌아오는 길에 2학년 때 같은 반이었던 그 녀석을 한 번 더 보고 싶었는데 말이다. 물어볼 것도 꽤 됐고. 그나저나 녀석은 어디 있었기에 한 번도 얼굴을 못 본 걸까. 근데 걔 이름이 뭐였더라, 좀 촌스러운 이름이었는데……. 그러니까……. 아, 진짜 모르겠다.

어느새 기도 시간이었다. 담임은 기도실로 들어가라고 한 후 자리를 떴다. 그럼 오늘 점심은 못 먹는 건가. 갑자기 배가 확 고팠다. 기도가 끝나면 오후에는 부지런히 일해야 하는데 이렇게 배가 고픈 상태로는 어림도 없다. 아마 담임이 내 식사를 잊어버렸을 거라고 생각하며 일단 식당으로 발걸음을 옮겼다. 먹을 것을 생각하자 배 속에선 꼬르륵 소리가 요동치기 시작했다. 음식이 남았을라나. 식당이 텅 비어 있음 어떻게 하지. 마음이 급해졌다.

식당에 들어선 나는 입이 쩍 벌어졌다. 아무도 없을 거라 생각했던 식당엔 의외로 많은 사람들이 북적였고, 웅얼거리는 소리도 가득했다. 더욱이 모두 처음 보는 얼굴이었다. 다들 지저분하고 냄새가 났다. 음식도 아무렇게나 막 먹었다. 꼭 뉴스에서나 보던 노숙자 꼴이었다. 어느 누구도 눈에 초점이 제대로 맞는 사람이 없었다.

충격이었다. 난 이곳이 그저 특수학교인 줄만 알았다. 학생들 말고 다른 사람들이 근처에 있다는 것은 상상해 본 적도 없었다. 대체 여긴 어딜까. 어떤 사람들이 모여 있는 것일까. 저 사람들은 다 어디에서 자는 것일까. 머리가 멍하고 속이 메스꺼웠다. 그때였다. 갑자기 제복을 입은 남자들이 들어왔다. 나도 모르게 커다란 물통 뒤에 숨었다. 어쩐지 들키면 안 될 것 같은 직감이었다. 내가 절대로 있어서는 안 될 곳에 발을 디딘 느낌 말이다.

대장으로 보이는 남자는 크게 팔을 휘둘러 채찍으로 바닥을 탁, 탁, 탁, 세 번 내리쳤다. 그러자 식당 안이 마술을 부린 듯 조용해졌다.

"어젯밤 본관에 테러가 있었다. 범인은 푸코라는 자다!"

아, 그래서 아까 본관 건물이 무너졌던 거구나. 이제야 이해가 갔다. 남자는 지명 수배자 포스터 같은 것을 하나 꺼내 들더니 더욱 크게 소리쳤다.

"똑똑히 봐라, 바로 이자다!"

그놈이 누굴까 싶어 고개를 빼 봤지만 얼굴이 잘 보이지 않았다.

"누구든 이자를 봤다면 신고해라! 정확한 제보를 하면 포상이 있다. 물론 잡아 오면 더 큰 포상이 있을 것이다."

말은 그렇게 했지만 이렇게 덜떨어져 보이는 사람들에게서 기대할 일은 아니었다. 그는 포스터를 벽에다 턱 붙이고는 자리를 떴다. 식당은 다시 특유의 웅얼거림으로 가득 찼다. 남자의 이야기에는 아무도 관심이 없어 보였다. 입맛이 싹 가신 나는 얼른 식당에서 나왔다.

어디로 가는지도 모른 채 복도를 걷고 있는데 푸코라는 이름이 계속 입안에서 맴돌았다. 푸코, 푸코라……. 어디서 많이 들어 본 이름인데……. 아, 푸코! 오랫동안 잊고 있었네. 우리 푸코! 의외의 추억이 떠올라 조금 전까지 불안했던 마음이 싹 가시는 기분이었다. 그러고 보니 아까 의사 선생님한테 이 이야기를 빼먹었네. 형과 푸코에 대한 이야기. 하하하. 푸코. 이름만 떠올려도 웃음이 나왔다.

그건 내 인생을 통틀어 형과 내가 진짜 피를 나눈 형제임을 느낀 유일한 사건이었다. 어찌나 통쾌했던지 아직도 기억이 또렷하다.

내가 막 초등학교에 들어가던 해 여름이었다. 대학생이던 형은 방학을 맞아 집에 내려와 있었다. 형은 오자마자 내 방을 차지했고, 난 자동으로 엄마 방으로 쫓겨났다. 형이 오면 우리 집은 바로 살얼음판이 됐다. 행여 형 공부를 방해할까 엄마의 단속이 아주 심했기 때문이다. 그 덕에 난 밖에서 마음껏 놀 수 있었다. 눈만 뜨면 밖으로 뛰쳐나가 어둑어둑해져서 돌아와도 엄마는 별 잔소리를 하지 않으셨다.

그 여름 내내 난 들로 산으로 줄기차게 쏘다녔다. 이른바 장수풍뎅이 사냥에 완전히 빠져 있었다. 그 여름 우리 동네엔 장수풍뎅이 사냥이 대유행이었다. 모두 멋진 투구를 쓴 용맹한 전사(戰士) 같은 그 생김새에 제대로 꽂히고 만 것이다. 난 가장 크고 멋진 장수풍뎅이를 갖고 싶었다. 큰 놈, 더 큰 놈을 찾아 동네 숲이란 숲은 다 뒤졌고, 나중엔 먼 동네 숲까지 원정을 가기도 했다.

지성이면 감천이라고 했던가. 어느 날 난 해내고야 말았다. 단단한 외뿔을 가진 커다란 수컷 장수풍뎅이를 드디어 찾아낸 것이다. 그 날 난 동네 영웅이 됐다. 부러움에 가득 찬 애들은 한 번이라도 그놈을 만져 보려고 안달이었다.

이렇게 의기양양 집으로 돌아오는데, 의외의 난관이 나를 기다리고 있었다. 엄마가 장수풍뎅이를 보자마자 질색을 했다. 당장 갖다 버리라고 난리였다. 나는 빌어도 보고 떼도 써 봤지만 소용없었다. 그렇다고 갖다 버릴 수는 없었다. 그놈을 장독대 옆 틈에 일단 숨겼다. 하지만 너무 불안했다. 누가 집어 갈지도 모르고, 고양이가 물어 갈지도 모르고, 제 발로 도망갈지도 모르고, 시멘트 사이 틈에 그 멋진 몸통이 긁힐지도 모를 일이었다.

오후 내내 들여다보고 있었지만 계속 그럴 수만은 없었다. 해가 지자 엄마의 성화에 못 이겨 저녁 식사부터 해야 했나. 저녁을 먹는 둥 마는 둥 하고는 다시 장독대로 갔을 때, 정말이지 난 죽고 싶었다. 녀석이 사라진 것이다. 땅바닥에 벌렁 누워 으앙 울어 버리려는 순간, 누군가 나를 번쩍 안았다. 형이었다. 지금도 믿기지 않지만 그건 분명 형이었다.

형은 쉿 하고 주의를 주고는 원래는 내 소유인 형 방으로 데려갔다. 그곳에 아 글쎄 그곳에 그녀석이 있었다. 어디서 구해 왔는지 나뭇잎과 톱밥 같은 것이 깔린 투명한 상자 속에 녀석은 제왕처럼 듬직하게 자릴 잡고 있었다. 나는 정말 형이 고마웠다. 그러나 형은 벽에 삐딱하게 기댄 채 무심하게 책을 읽고 있었다.

자세히 보니 그놈은 크기도 했지만 무척 잘생겼다. 몸통은 진한 갈색이었는데 특이하게도 빛을 받으면 푸른빛이 돌았다. 특히 뿔 쪽으로 갈수록 푸른 기가 진해져서 뿔 끝에 마치 푸른 점이라도 달린 듯했다. 반짝이는 몸통도 맘에 들었지만 머리에 든든하게 솟은 푸른 외뿔이 더 맘에 들었다. 바로 보면 꼭 푸른 코를 가진 코끼리 같았고, 뒤집어 보면 푸른 뿔을 가진 코뿔소 같았다. 이름을 짓고 싶던 난 '푸른 코끼리'와 '푸른 코뿔소' 사이에서 한참을 갈등했다. 그러다 그냥 '푸코'라 줄여 부르기로 했다. 푸른 코끼리나 푸른 코뿔소나 줄이면 '푸코'니까 말이다. 물론 속으로만 그렇게 생각했을 뿐 그 이름은 아무한테도 말하지 않았다.

그 후로 형은 엄마 몰래 그 녀석을 방에 숨겨 주었고 관심 없는 척하면서도 잘 돌봐 주었다. 난 엄마 몰래 형 방에 들어가 푸코와 놀았고, 형은 그런 나를 묵인해 주었다. 그러다 아주 가끔은 녀석을 들고 나가 애들 앞에서 거만을 떨었다. 그렇다고 사냥을 접은 건 아니었다. 여전히 아이들과 어울려 다른 장수풍뎅이 사냥을 다녔다. 애들이 날 전문적인 장수풍뎅이 사냥꾼으로 대했기 때문이다. 산에서나

마 대장 먹는 맛은 꽤 쏠쏠했다. 비록 산을 내려오면 원래 동네 짱인 종대에게 그 자리를 내놓아야 했지만 말이다.

하지만 산 대장 생활에도 위기가 닥쳤다. 어느 날 종대가 드디어 한 건 하고야 만 것이다. 길이가 5센티미터나 돼 보이는 큰 놈을 찾아냈다. 그래도 난 끄떡없었다. 척 봐도 내 것이 더 커 보였으니까. 그런데 갑자기 종대 그놈이 내 것보다 더 크다고 우기기 시작했다. 더 웃긴 건 다른 애들도 종대 편을 들기 시작했다는 거다. 어이가 없었다. 결국 우린 크기를 직접 비교하기로 했다. 대낮이었지만 우리 집으로 우르르 몰려갔다.

다행히 엄마는 없었다. 빠끔 방문을 여니 때마침 형은 낮잠을 자고 있었다. 나는 살금살금 들어가 줄자와 푸코를 들고 나왔다. 마당 구석에 자리 잡은 우리는 두 놈의 몸통 길이를 재기 시작했다. 그런데 이게 어찌된 일인가, 종대가 잡은 장수풍뎅이는 뿔까지 합쳐 자그마치 10센티미터나 됐다. 내 것보다 3센티미터나 더 컸다. 아이들은 마치 자기들이 이기기라도 한 것처럼 '와아아!' 신이 나 소릴 질렀고, 내 속에선 불이 확확 일었다. 그때였다.

"그래도 싸움은 이 녀석이 더 살할길?"

난데없는 말소리에 모두들 올려다보니 형이 서 있었다.

"크면 뭐 해. 최고의 장수풍뎅이라면 뭐니 뭐니 해도 싸움을 잘해야지."

형은 살살 부채질을 했다.

'설마, 내 게 더 작은데…….'

내가 불안해하며 바라보자 형은 고개를 끄덕여 주었다. 어차피 이렇게 된 거 진다고 딱히 손해 볼 일은 아니었다. 난 종대에게 한판 붙자고 제안했다. 애들은 해 보나 마나라면서도 싸움을 보고 싶긴 했는지 한번 붙어 보라고 종대를 부추겼다. 우린 넓적한 돌판 위에 장수풍뎅이를 올려놓고 싸움을 붙였다. 자존심을 건 타이틀 매치가 시작됐다. 아이들은 짜기라도 한 것처럼 일제히 종대의 장수풍뎅이를 응원했다.

"종대 꺼, 이겨라! 종대 꺼, 이겨라!"

이대로 물러설 수 없었다. 나는 "푸코, 파이팅!" 하고 외치고 싶었으나, 어쩐지 그 이름을 부르기가 좀 그랬다. 그 뜻을 모르는 애들이 날 놀릴 것만 같았다. 할 수 없이 난 "내 꺼, 이겨라! 내 꺼, 이겨라!" 하고 외쳤다. 앞마당이 떠나갈 듯 질러 대는 애들 소리에 묻혀 내 목소리는 잘 들리지도 않았다. 내 목소리는 자꾸 움츠러들었다. 더욱이 막상 싸움을 붙여 보니 푸코의 덩치가 훨씬 작았다. 커다란 종대 장수풍뎅이가 뿔로 공격해 오자 푸코는 이내 구석으로 밀렸다. 저러다간 돌판 밖으로 떨어질 지경이었다.

"종대 꺼, 종대 꺼!"

종대의 장수풍뎅이를 응원하는 아이들의 소리가 점점 더 커졌다. 난 안타까워 눈물까지 그렁거리며 입술을 깨물었다. 그때였다.

"힘내라, 힘! 푸코! 힘내라, 힘! 푸코! 젖 먹던 힘까지~."

엄청나게 큰 목소리였다. 동시에 내 팔을 잡고 박자에 맞춰 흔드는 손이 있었다. 형이었다.

"싸워라, 싸! 푸코! 싸워라, 싸! 푸코! 싸워서 이겨라~."

난 힘차게 팔을 흔들며 목이 터져라 따라 불렀다. 그때였다. 종대의 장수풍뎅이가 긴 뿔을 깊숙이 들이미는 순간, 푸코가 그 뿔을 맞잡아 휙 돌렸다. 마치 유도의 업어치기 한판처럼 상대가 밀고 들어오는 힘을 이용해 메친 것이다. 통쾌했다. 돌판 아래로 떨어진 종대의 장수풍뎅이는 바닥에 나동그라져 버둥댔다. 신이 나 펄쩍펄쩍 뛰던 내게 형은 커다란 손을 들어 보였다. 내가 힘차게 하이파이브를 하자 형은 허허허 커다랗게 웃었다.

그런데 대체 형은 푸코란 이름을 어떻게 알았을까? 내가 지어 혼자만 부르던 이름이었는데 말이다. 며칠을 궁리궁리하다가 형이 서울로 돌아가기 전날 밤 물어보았다.

"그런데요……. 푸코라는 이름은 어떻게 알았어요?"

형의 대답은 정말 의외였다.

"거야, 내가 지은 이름이니까."

말도 안 된다. 내가 얼마나 고심해 지은 이름인데. 난 항의하듯 말했다.

"엥? 그 이름은 내가 지은 건데요."

"그래? 그럼 그런가 보지."

시큰둥한 대답. 난 좀 억울했다.

"푸! 코! 푸른 코끼리랑 푸른 코뿔소의 준말이에요. 그 녀석 코가 푸른색이잖아요."

"그랬구나. 알았어."

얼렁뚱땅 넘어간다. 보아하니 형이 이름을 지었다는 말은 뻥이 틀림없다.

"형은 왜 푸코라고 지었는데요?"

"진짜 알고 싶어?"

난 힘차게 고개를 끄덕였다.

"알면 실망할 텐데……."

형은 빙글빙글 웃기까지 했다. 분명 날 놀리는 거다. 이쯤에서 쐐기를 박아야 한다.

"실망 안 할 테니까 말해 봐요."

"푸코가 왜 힘이 센지 알아?"

저거 또 말 돌리는 거 봐라.

"원래 센 놈이었으니까."

난 당당하게 대답했다.

"아냐. 다른 놈들이 안 먹는 걸 먹여서 그래."

"뭘 먹였는데요?"

"아주 특별한 거. 매일 밤마다 잠들기 전에 먹였지."

"특별한 거 뭐요?"

"놀라지 마."

뜸을 들이는 것을 보니 분명 별거 아니다. 안 놀랄 거다.

"뭐냐면……."

형은 뜸을 들이다 마침내 대답했다.

"코딱지!"

"헉!"

"그것도 매일 밤 아주 푸짐하게. 내 코딱지가 좀 푸짐하거든."

"……!"

"그러니까 푸코란 이름은 푸짐한 코딱지를 줄인 말이야."

우웩. 우웩. 이럴 수가! 난 화가 나 형을 노려보았다. 그런데 막상 형의 얼굴을 보자 갑자기 비실비실 웃음이 삐져나왔다. 콧속에서 힘겹게 왕건이를 끄집어내는 형의 모습이 떠오른 것이다. 푸하하하. 그런 날 보더니 형 역시 따라서 허허허 웃기 시작했다. 정말 듣기 좋은 웃음소리였다. 10년이 지난 지금까지도 여전히 선명한 웃음소리였다.

갑자기 이상한 생각이 스쳤다. 왜 하필 범인의 이름이 푸코일까? 푸코란 이름을 아는 사람이 또 누가 있나. 의사 선생님은 갑자기 왜 형에 대해 물었을까. 그것도 일정표까지 어겨 가면서. 누군가 본 관을 공격했고, 그 사람 이름이 푸코고, 난 갑자기 형에 대해 질문을 받고……. 이 모든 것이 우연일까? 갑자기 심장이 쿵쾅거렸다. 혹시……. 일단 포스터의 사진을 확인해야 한다. 식당으로 돌아가야 한다.

그때였다. 방송에서 내 이름이 흘러나왔다. 당장 작업장으로 오라고 했다. 그러고 보니 작업 시작종이 울린 지도 한참 지났다. 일단 작업장으로 가야 한다. 그곳에 가면 더 많은 정보를 얻을지도 모른다. 어쩌면 작업장에도 푸코를 찾는 포스터가 이미 붙었을지도 모를 일이다. 그런데 만일 아니라면……? 또다시 방송에서 내 이름이 나왔다. 그러지 말고 얼른 식당에 다녀올까. 뛰어가면 금방일 텐데. 갑자기 커진 갈등으로 어찌할 바를 몰랐다. 결국 에라 모르겠다 싶어 작업장을 향해 막 돌아서는데 갑자기 방송 목소리가 차가운 기계음으로 바뀌었다.

"꼼짝 마! 양팔 들고, 무릎 꿇어!"

방송이 아니었다. 어안이 벙벙해져 주위를 둘러보니 복도 양편에서 날 향해 겨눈 총구 같은 것이 보였다. 양발이 얼어붙었다. 이게 뭐람.

"셋을 셀 동안 실시한다. 양팔 들고, 무릎 꿇어! 하나, 둘……."

얼떨결에 시키는 대로 하려는데 누군가 "안 돼!" 소리를 지르며 나를 밀쳤다. 순간, 사방에서 그물이 뿜어져 나왔다. 간신히 그물을 피한 나는 누군가에게 안겨 복도 한쪽 벽에 부딪혔다. 쿵하는 소리와 함께 몸이 아래로 떨어지기 시작했다. 양팔과 양다리를 버둥거리며 한참을 떨어지다 퍽 하고 바닥에 부딪혔다. 다행히 어떤 더미 위라는 생각이 스쳤다. 바로 일어나려 했지만 숨을 쉴 수가 없었다. 등이 아파서이기도 했지만 악취 때문이기도 했다. 쓰레기 버리는 문을 통해 쓰레기장에 떨어진 듯했다. 대체 언제부터 거기에 문이 있던 거야. 간신히 몸을 일으키니 팔도 좀 긁힌 듯했다.

"괜찮아?"

날 안고 같이 떨어진 놈이다. 어디 있는지 보이지는 않고 목소리만 들렸다. 갑자기 신경질이 확 났다. 아까 그냥 무릎을 꿇으면 되는데 이놈 때문에 도망친 꼴이 된 거니까. 대체 이 오해를 어떻게 다 수습한담. 암튼 내 잘못은 아니다. 책임은 저놈 보고 지라고 해야 한다. 나는 소리 나는 쪽을 향해 몸을 움직였다. 이쪽으로 다가오는 희미한 사람의 그림자가 저 아래 보였다. 가까이 가며 소리를 질렀다.

"뭐야, 너?"

어라? 그놈과 마주한 내 눈이 커졌다. 그러니까 이놈은 아까 본관에서 봤던 우리 반 퇴학생. 그…… 그래, 맞아! 동구, 오동구다. 여기서 이렇게 만나다니! 갑자기 긴장이 확 풀렸다.

"일단 따라와. 시간 없으니까."

동구는 내 대답을 기다리지도 않고 벌써 몸을 돌려 저쪽으로 걸어가고 있었다. 아까 본관 앞에서 봤을 때랑은 영 딴판이었다. 눈빛은 또렷하고 움직임도 가벼웠다. 그렇다고 영문도 모른 채 따라갈 수는 없었다.

"어디로 가는 건데? 여긴 어니야? 너 왜 그러는데?"

"시간이 없다니까. 안전지대로 들어가면 차근차근 설명해 줄게."

동구의 모습은 벌써 모퉁이 뒤로 사라지고 목소리만 남았다. 갑자기 위쪽에서 뭔가 술렁이는 소리가 들렸다. 무서웠다. 이곳에서 나가든 못 나가든 일단은 동구를 따라가는 수밖에 없었다. 급히 몸을 일으키자 쓰레기 더미에서 먼지가 뿌옇게 올라왔다. 손을 내저으며 바닥으로 내려섰다. 빨리 동구 곁으로 가고 싶어 예전처럼 불러 봤다.

"같이 가자! 야, 동구, 동구, 오동구!"

"오래간만에 듣네, 그 이름. 하하하."

저편에서 동구가 기분 좋게 웃고 있었다. 이런 상황에서도 저렇게 호탕하게 웃는 것을 보니 정말 동구 맞다. 나는 그 웃음소리를 따라 발걸음을 재촉했다.

# 4

# 언더그라운드

가도 가도 끝이 없었다. 다리도 아프고 목도 말랐다. 아까 떨어질 때 부딪혔던 등도 욱신욱신했다. 더욱이 지하에 있다고 생각하니 속이 더 답답했다. 동구는 미로처럼 여기저기로 갈린 길을 다람쥐처럼 잘도 걸었다. 동구를 만난 것은 좋았지만 그렇다고 100퍼센트 신뢰가 가지는 않았다. 지금이라도 돌아가야 한다는 마음과 일단은 따라가야 한다는 마음 사이에서 끊임없이 갈등하며 얼마를 걸었을까.

"여기야!"

동구가 벽을 더듬으며 말했다. 내 눈에는 별다를 바 없는 벽이었다. 동구가 주머니에서 작은 돌을 꺼내 벽 아래쪽 구멍에 반쯤 밀어 넣자 덜컹하더니 벽이 서서히 움직이기 시작했다. 동구는 들어오라는 눈짓을 보낸 후 회전문처럼 열린 벽 사이로 뚜벅뚜벅 걸어 들어갔다. 나는 다시 한 번 똑같은 갈등을 하며 조심스레 안으로 들어갔다. 사실 선택의 여지가 없긴 했다.

안은 그냥 동굴 같았다. 넓지는 않았지만 깊었다. 평평한 바닥에 맨 흙이 드러나 있는 상태였고 휑한 분위기였다.

"여기라면 안전해. 좀 쉬었다 가자."

동구가 바닥에 털썩 주저앉았다.

"여기서 더 가야 해?"

"응."

동구는 허리에 차고 있던 물병을 꺼내 나에게 내밀며 당연하다는 듯 짧게 대답했다. 난 동구에게 먼저 마시라는 시늉을 하고는 옆에 앉아 다리를 쭉 폈다. 잠시 후 동구에게 물병을 받아 마시자 답답함이 좀 가시는 것 같았다.

"지하라 그런지 답답하네. 언제쯤 위로 올라갈 수 있니? 바람 쐬고 싶어."

"그럴 줄 알았다."

동구는 피식 웃으며 물병을 허리에 찼다.

"하긴 그럴 만도 하지. 나도 처음엔 그랬으니까."

"뭘?"

뭘 좀 아는 듯 거드름을 피우는 것 같아 슬쩍 맘이 상하려고 했다.

"잘 들어. 안 믿겨도 일단은 들어."

동구가 못 박 듯 또박또박 말했다.

"여기서 나가도 지상으로는 못 가."

"뭐야, 막힌 거야? 우리 갇힌 거야? 그럼 아까 왔던 길로 다시 가서……."

"그런 게 아냐."

동구가 말을 잘랐다.

“처음부터 넌 지하에 있었어. 네가 수업받는 교실, 네가 자는 기숙사, 그리고 작업장, 기도실, 식당, 모두 다 지하에 있는 거야.”

“말도 안 돼! 그럼 창밖의 해와 달은 다 뭐야.”

“직접 본 적 있어? 한 번이라도 창문 열어 본 적 있니? 작업장 천막 너머 하늘을 본 적 있냐고?”

동구는 이미 익숙한 질문이라는 듯 줄줄 읊었다. 그러고 보니 그랬다. 하늘도 바람도 해도 달도 직접 보거나 느껴 본 적은 없었다.

“여긴 지하에 세워진 시설이야. 세상 사람들은 이곳을 언더그라운드라고 불러. 물론 이곳에 대해 아는 사람들만 말이지.”

“언더……그라운드?”

“응. 너나 나나 그동안 지하에 있는 거였어. 그러니까 아무도 창을 열지 않았고, 들어오는 햇빛도 가짜지.”

“그럼 우린 지금 언더그라운드에서 더 내려왔으니까 언더그라운드의 언더그라운드, 지하의 지하에 있는 거야?”

“그렇다고 볼 수 있지.”

“그럼 지하 2층에 있는 거네.”

“지하 2층? 그게 딱이네. 우리의 아지트는 지하 2층! 하하하.”

동구는 태평하게 웃었다. 나는 같이 태평할 수만은 없었다.

“그런데 왜 지하에 이런 걸 세웠대?”

“여긴 쉽게 말해 재활용 센터야. 저 위 그러니까 지상 사람들 기준으로 봤을 때 비정상인을 데려다 정상인으로 만드는 곳이지."

"그건 나도 알아."

"그런데 언더그라운드는 19세기 초 방식 그대로 운영되고 있어. 200년 넘게 아무것도 변하지 않고 그대로 운영되고 있는 거지. 지상 21세기 아래 지하 19세기가 공존하는 셈이지. 그러니까 언더그라운드에 들어오는 순간 우리는 더 이상 21세기가 아니라 19세기를 사는 거나 마찬가지야."

"19세기 학교가 21세기 학교보다 일정 관리에 있어서는 훨씬 더 엄격했구나."

"중요한 건 그동안 정상인이 돼 돌아간 사람은 없다는 거야."

"정말?"

가슴이 덜컥 내려앉았다. 그동안 애써 모른 척하던 예감이 맞았기 때문이다. 나의 충격에도 아랑곳하지 않고 동구는 덤덤하게 이야기를 이어 갔다.

"한 번 비정상 딱지가 붙으면 정상이 되기가 거의 힘들지. 처음엔 너처럼 다들 학교에서 시작해. 그러다 시간이 지나면서 이런저런 이유가 달리고 다시 교정원으로 옮겨지지. 학교 쪽 사람들과 교정원 쪽 사람들은 절대 못 만나게 돼 있어. 일정표에 따라 움직이는데 그 일정표가 양쪽이 서로 못 만나게끔 교묘하게 짜여 있거든. 학교는 그나마 수업이라도 받고 돌아갈지 모른다는 희망이라도 있지만, 아 물론 거짓 희망이지만, 아무튼 그래도 희망도 없고 죽도록 일만 해야 하는 교정원보단 낫잖아? 어차피 그러다 결국 병원으로 옮겨지기는 마찬가지지만."

"병원?"

"응, 정신병원. 어떤 사람들은 교정원을 안 거치고 바로 병원으로 옮겨지기도 해."

어이가 없었다. 정신병원이라니.

"안 미친 사람을?"

"아니, 미친 사람을. 여기 있으면 대부분 미친대. 지하에 이렇게 오래 있는데 어떻게 안 미치겠어. 그러니까 미친 사람을 정신병원으로 옮기는 거야."

일단 그렇다 치고.

"병원 다음엔?"

"없어. 거기가 막장이거든. 들어가면 끝이지. 거기서도 역시 낮엔 일하고 밤엔 치료받고, 그게 다라나 봐."

"치료도 해 줘?"

"하긴 한대. 그런데 병원이 처음 생겼을 때부터 아무것도 바뀌지 않았다니까, 치료 역시 200년 전 방식 그대로 하겠지."

"어떻게 치료하는데?"

"낸들 아냐? 옛날에 광인을 가두던 곳이 여기 어디 지하 감옥이었는데 그냥 그게 정신병원으로 바뀐 거래. 중요한 건, 당시 치료법이 근대 과학과 충돌하면서 설 자리가 없어지자 병원 역시 지상 통로를 완전히 폐쇄하고 지하로만 공간을 넓혔다는 거지. 암튼 끔찍할 거야. 19세기의 정신병 치료 전통을 고스란히 유지하고 있다니까. 이 현대적인 21세기에 말이지."

동굴 전체가 가슴을 꾸욱 누르는 것처럼 답답했다.

"가 본 적 있어?"

"말이 되냐? 당연히 가 본 적도 없고, 갔다 돌아온 사람도 없지."

"그런데 어떻게 그렇게 잘 알아?"

"소문에 그렇다는 거지. 거기 원장이 아직도 살아 있대. 이백 살도 넘었다지? 로브를 입고 후드도 뒤집어썼다는데……."

"그게 뭔데?"

"왜 중세 수도사들이 입는 망토 같은 옷 있잖아. 그걸 로브라고 부르고, 뒤집어쓰는 모자 같은 거는 후드라고 하지. 아무튼 그 후드를 걷으면 글쎄……."

"……?"

"해골이 나온대."

동구는 으아악~ 하며 두 팔을 들었지만, 난 모든 게 너무 충격이라 놀랄 기운조차 없었다.

"그런데 넌 왜 왔냐?"

무거워진 분위기를 바꾸려는 듯 동구가 물었다.

"으음……. 이상한 낙서를 하다 들켜서."

"지상 사람들 많이 까다로워졌네. 그깟 낙서 정도로는 여기까지 안 보내는데……. 혹시 국가 전복이라도 하려는 과격한 낙서였냐?"

"그 정도는 당연히 아니고, 뭐 다른 사정도 있어. 그러는 넌 왜 여기로 보내졌니?"

아직 난독증에 대해 편하게 말할 준비가 되지 않은 나는 화제를 바꾸었다.

"난……. 동성애자야. 인터넷 퀴어(queer) 모임에서 활동하다가 이대로는 살 수 없다는 생각에 용기를 냈지. 소위 커밍아웃을 했는데 바로 이리로 보내졌어."

그랬구나. 그럼 갑자기 퇴학당했다는 소문과 함께 사라진 애들도 여기 어딘가에서 살고 있을 것이다. 다들 어디서 무얼 하고 있는 걸까. 정말 돌아간 사람은 한 명도 없는 걸까? 탈출한 사람도 없고? 궁금했지만 불길한 대답을 듣게 될 듯해 쉽게 묻지 못했다. 마침내 마음의 준비를 단단히 하고 물었다.

"그럼 영영 못 나가는 거야?"

"응. 현재로서는. 하지만 몇몇 교정원 사람들을 중심으로 탈출구를 만드는 중이야. 여기도 그 탈출구의 일부고. 머지않아 완성될 거야."

"아까 식당에서 보니까 다들 무기력해 보이던데……. 멀쩡한 사람도 많은가 봐."

"그럼, 교정원 입장에선 그렇게 멍하게 있도록 하는 게 편하지. 근데 우리 대장은 완전 천재야. 이곳의 정체를 알고 우릴 해방시키기 위해 일부러 들어왔거든. 이곳에 제 발로 들어온 유일한 사람이지."

"그 사람이 혹시 푸코라는……."

"응. 아까 식당에서 들었구나. 그분이 아니었으면 우리가 처한 상황도 제대로 모른 채 여기서 짐승처럼 늙어 죽었을 거야. 정말 위대한 분이지."

"너 그 푸코라는 사람 얼굴 본 적 있어?"

"아니. 멀리서 본 적은 있는데 자세히는 못 봤어. 늘 후드를 깊게 눌러 쓰고 다니거든."

"안전할까, 아까 수배 내리는 것 같던데?"

"그거 다 소용없어. 아지트를 들킬 리도 없고, 우린 모두 푸코 편이거든. 아, 우리가 지금 가려는 곳도 그 아지트야."

"그게 뭔데?"

"도망친 사람들이 모여서 탈출구를 만드는 곳이지. 중간의 이런 안전지대도 다들 같이 만든 거야. 그나저나 거기 가면 나 혼 좀 날 거다. 난 원래 병원에 있으면서 스파이 역할을 했는데 아까 너 구하다가 들켜서 더 이상 병원으로 돌아갈 수 없거든. 나름 아주 중요한 스파이였는데 말이야."

동구는 우쭐대며 이야길 했다. 참, 그러고 보니 진짜 궁금한 것을 잊었다.

"대체 아까 왜 그런 거야?"

"왜 그러다니? 거기 그대로 있으면 꼼짝없이 잡혀서 병원행이 될 테니까 그랬지. 병원에 들어가기 전에 정신을 흐리게 하는 약을 먹일 테고, 그러면 다시 멀쩡한 정신으로 돌아오기 힘드니까 미리 구한 거라고. 식당에서 물통 뒤에 숨은 널 보고 깜짝 놀랐어. 분명 이탈자가 돼 잡힐 거라고 생각했지."

"왜?"

"넌 정해진 일정에서 이탈했잖아. 게다가 절대 알아서는 안 될 교정원 사람들을 이미 봤지. 그 사실을 이곳 관리인들이 모를 것 같아? 위에는 감시 카메라가 가득이라 네 일거수일투족을 다 찍고 있다고."

또 카메라다. 지겹다 지겨워. 나는 신경질이 나서 대꾸했다.

"설마. 내가 어디서 뭘 했는지 알았다면 작업장으로 오라는 안내 방송을 했겠어?"

"그야 작업장으로 널 불러내 손쉽게 잡으려고 한 거지. 네가 바로 작업장 쪽으로 갔다면, 굳이 그 그물포를 쏘려고 하지는 않았을 거야. 그런데 넌 망설였잖아. 그들은 네가 망설인다는 것도 다 안 거지."

"그런 거구나. 점심시간에 딴 걸 하는 바람에 배가 고팠거든. 기도실에 가는 대신 늦게라도 점심을 먹을까 했는데……."

동구가 생각난 듯 물었다.

"그런데 아까 본관엔 왜 간 거야? 어지간해서 아무나 못 가는데? 더구나 일정표에도 없던데……. 내가 여기 있는 동안 일정에서 예외가 돼 돌아다니는 놈은 네가 처음이었거든."

"응. 나도 그냥 담임이 따라오라고 해서 갔는데, 가니까 형에 대해 묻더라고."

"너 형 있었냐? 근데 형은 왜?"

"나도 몰라. 그냥 형이 과거에 어땠는지, 어떻게 자랐는지, 최근에 언제 만났는지 묻더라고. 뭐 형한테 도움 받을 일이 있다나 뭐라나."

"너희 형도 엘리트 중에 최고 엘리트인가 보네. 이곳에서 일하는 사람들은 엄청나게 똑똑하거든. 아는 것이 힘이라고, 똑똑하고 지식 많은 사람들이 짱 먹는 곳이야. 물론 잡지식 말고 이성적이고 과학적인 지식 말이야."

"그게 뭔데?"

"낸들 아냐? 나중에 푸코 만나면 물어볼까, 하하."

동구는 한없이 태평했다.

"안 가?"

나는 불안해져 물었다.

"도망친 사람들이 비밀 작업을 하는 곳까지는 아직 한참이야. 밤에는 우리가 움직이는 소리 때문에 들키기 쉬울 수도 있으니까 움직이지 않는 것이 원칙이고. 뭐, 어차피 밤이 되기 전까지 다음 안전지대에 도착하기도 어려워. 거리가 꽤 되니끼 여기서 좀 쉬었다가 내일 새벽 일찍 학교랑 병원 사람들이 움직일 때 가자."

나는 벽에 기댄 채 뒤죽박죽인 머릿속을 정리하고 있었다. 돌아누운 동구는 어느새 잠이 밴 목소리로 물었다.

"그래서……. 형에 대해서……. 다 말했어?"

"대충."

대답하며 나도 좀 누워 보았다. 포슬포슬한 흙바닥이 의외로 폭신했다. 솔직히 말하면 형에 대해서 다 이야기한 것은 아니었다. 형이 그렇게 사라졌다가 다시 돌아온 그때에 대해서는 말이다.

# 5

# 형이
# 돌아왔다

그날은 특별히 피곤했다. 고전인 '스타크래프트'에서 최근의 '리그 오브 레전드'까지 온갖 전투에 참전하여 죽다 살아오느라 늦게까지 정신없었다. 집에 돌아오니 이미 자정이 넘었다. 조심조심 방문을 여는데 당연히 자고 있어야 할 형이 보이지 않았다. 낮에 간혹 집을 비우긴 했지만 형이 이 시간까지 안 들어온 적은 없었다. 책이며 옷가지, 가방까지 모두 그대로였다. 보아하니 간편한 옷차림으로 신발만 신고 나간 듯했다.

가출은 아닌 것 같고, 도서관 같은 데서 책에 빠져 시간 가는 줄 모르고 있나 보다. 아님 상상은 잘 안 가지만 어디 친구네라도 갔나 보지. 그렇게 생각하니 마음이 편해졌다. 뿐만 아니라 기분이 좋아지기까지 했다. 드디어 내 방에서 내 맘대로 굴러도 되니 말이다. 이게 얼마 만에 온 기회란 말인가. 형이 아예 오지 않았으면 좋겠다, 오늘 하루만이라도. 나는 모처럼 찾아온 자유의 밤을 만끽할 기대에 부풀었다. 방 한가운데에 이불을 활짝 펴고 대자로 누웠다. 어슴푸레한 천장을 바라보며 기분 좋게 눈을 감았다.

그런데 이상하게도 잠이 오지 않았다. 오히려 머릿속은 점점 더 말똥말똥해지는 듯했다. 빈방에 이렇게 혼자 누워 있는 게 왠지 낯설었다. 간만에 옷을 벗고 자서 그런가. 할 수 없이 일어나 주섬주섬 추리닝을 챙겨 입고 누워 보았다. 여전히 말똥말똥. 다시 일어나 잠긴 방문을 열어 두었다. 그래도 쉽게 잠이 오지 않았다. 어쩐지 형이 기다려졌다. 시계를 봤다. 겨우 10분밖에 지나지 않았다. 형이 없으니 시간마저 아주 천천히 가는 듯싶었다. 베개를 문가로 옮겨 베고 문밖 소리에 귀를 기울였다. 아무 소리도 들리지 않았다. 이따금 먼 곳에서 개 짖는 소리나 하다못해 취객의 주정 소리라도 들려올 법한데 문밖은 고요 그 자체였다. 우주를 거닐면 이런 느낌일까. 고요한 침묵이 세상 가득 고여 있는 듯했다. 형이 사라진 첫날 밤은 그렇게 좀……. 외롭기도 했다.

일주일이 흘렀다. 형이 들어오지 않은 첫날에는 좀 당황했지만 난 어느 정도 평온을 되찾고 있었다. 걱정스러운 기다림이 낙관적인 체념으로 자리를 잡은 셈이었다. 이성적으로 생각해 보면 내가 걱정할 일이 아니긴 했다. 형은 이미 어른이고 더구나 천재니까 어딜 가든 알아서 잘 살 것이다. 나길 이유가 있으니까 나간 것이고, 갈 곳이 있으니까 갔을 것이다. 이렇게 생각하면서도 종종 떨치기 힘든 의문 하나가 내 뒷덜미를 잡고 늘어졌다.

'진짤까? 형이 진짜 집을 나간 것일까?'

어쩌면, 어쩌면 아닐지도 모른다. 사실 객관적인 정황으로 보면 형은 실종된 거다. 형의 물건이 모두 그대로인 채 온다 간다 말도 없이 어느 날 갑자기 사라져 버린 거니까.

형이 나간 또는 사라진 다음 날부터 불면은 이내 없어졌지만, 막막한 우주에 누운 느낌은 쉽게 없어지지 않았다. 심지어 이불을 우주복처럼 둘둘 만 채 무중력 속을 둥둥 떠다니는 자세로 자다가 온몸이 뻣뻣해져 깨곤 했다. 급기야 오늘 아침엔 진짜로 우주를 떠다니기까지 했다. 잠이 깨나 싶었는데 갑자기 온몸이 둥실 뜨더니 어느새 깜깜한 우주에 떠 있었다. 느낌은 떠 있었지만, 이동 속도는 무지 빨랐다. 어디로 가고 있는지는 알 수 없었지만, 어두웠던 우주는 점점 사람들로 가득 차기 시작했고, 그중에는 엄마라든지 아버지라든지 고향 애들처럼 내가 아는 얼굴도 있었다. 모두 5년 전 모습이거나 10년 전 또는 그 이전 모습이었다.

어느새 빛보다 빨라진 속도 때문에 난 금방이라도 폭발할 듯했다. 이대로 온몸이 터져 산산이 흩어질 듯해 두 눈을 질끈 감고 어금니를 꽉 깨물었다. 신음 소리조차 낼 수 없었다. 내 몸은 폭발 직전이었다. 이제 끝이다. 어디선가 카운트다운 소리가 들렸다. 텐, 나인……스리, 투, 원!

찌르르릉! 귀가 찢어져라 울리는 알람 소리에 번쩍 눈을 떴다. 다행히 꿈이었다. 시커먼 우주가 아니라 내 방이었고, 어느새 밝은 아침이었다. 머리맡에선 자명종이 시끄럽게 울었다. 자명종을 끄려 했지만 어찌나 온몸을 이불에 꽁꽁 싸고 잤는지 손이 쉽게 빠지질 않았다.

얼굴을 이불 밖으로 내미는 데만도 한참이었다. 가까스로 이불을 벗겨 내자 자명종은 저절로 알람을 멈췄다.

찌뿌듯한 온몸은 땀으로 범벅이었다. 시계를 보니 7시 45분이었다. 일어나야 할 시간이다. 반쯤 감긴 눈으로 방 안을 둘러봤지만 여전히 형은 없었다. 어디로 가서 찾아야 하는지도 알 수 없었다. 이대로 형이 돌아오지 않는다 해도 내가 할 수 있는 일은 고작 경찰서에 신고하는 정도일 테다. 그렇다면 일단은 기다리는 수밖에 없다.

그런저런 생각을 하며 학교 갈 준비를 마친 나는 벽시계를 보고 깜짝 놀랐다. 세수하고 교복 입고 양말을 신기까지 걸린 시간이, 아뿔싸 총 0분이다! 혹시나 싶어 자명종을 보니 역시 7시 45분이다. 둘 다 고장인가? 자세히 보니 벽시계도 자명종도 똑같이 7시 45분 37초와 38초 사이에서 초침이 멈춰져 있다. 초까지 동시에 멈춘 거다. 이건 말도 안 된다. 갑자기 목덜미가 서늘했다. 그러고 보니 세상이 너무 조용했다. 마치 세상은 멈추고 나 혼자 움직이고 있는 기분이 들기 시작했다. 시간이 멈춘 걸까?

동시에 이상한 생각이 떠올랐다. 어쩌면 난 시간과 시간 사이의 틈에 빠졌을지도 모른다. 마치 미국 드라마 〈히어로즈[9]〉에서 시공간을 이동하는 초능력을 가진 히로처럼, 애니메이션 〈시간을 달리는 소녀[10]〉에서 타임 리프[11]를 하는 주인공 소녀처럼 말이다. 지금 이 옥탑방 문을 열고 나가면 통째로 멈춘 세상과 마주할지도 모른다. 머리로는 말도 안 된다고 생각했지만, 이상한 확신이 밀려왔다. 진짜 시간이 멈췄다! 갑자기 마음이 급해졌다. 빨리 밖으로 나가 영화에서처럼 멈춰 선 세상을 내 눈으로 확인하고 싶었다.

조심스레 부엌에서 밖으로 통하는 현관문을 잡고 눈을 꼭 감았다. 심호흡을 하고 문을 확 열어 제치려는 순간이었다. 찌르르르릉! 갑자기 자명종이 자지러져라 울리기 시작했다. 깜짝 놀라 돌아보니 언제 멈췄냐는 듯 자명종의 초침이 띠. 띠. 띠. 움직이고 있었다. 올려다본 벽시계 초침도 째깍째깍 이제 막 7시 46분을 지나고 있었다. 귀신한테라도 홀린 듯 얼떨떨했다. 갑자기 뭘 해야 할지 갈피조차 잡을 수 없었다. 그렇게 얼마를 멍하니 서 있었을까.

탕탕탕.

누군가 문 두드리는 소리에 번쩍 정신이 들었다.

다시 탕탕탕.

동시에 짜증이 섞인 여자 목소리가 들렸다.

"이봐요, 아무도 없어요?"

다시 더 세게 탕탕탕탕.

문을 열자 눈앞에 뽀글뽀글한 파마머리에 덩치가 산 같은 아줌마가 나타났다. 아줌마는 교복을 입은 날 보자 다짜고짜 반말이었다.

"이 사람 알아?"

아줌마 옆에는 옛날 유럽 수도사들이나 입던, 갈색 망토를 입은 사람이 모자를 뒤집어쓴 채 지친 듯 기대 서 있었다. 모자 속 덥수룩한 머리카락이 얼굴을 반쯤 가린 상태라 자세히 보진 못했지만 척 봐도 아는 사람은 아니었다. 나는 단호히 고개를 저었다.

"내 그럴 줄 알았어. 이런 사람을 믿은 내가 바보지."

아줌마는 낭패한 표정을 지으며 갑자기 변명하듯 자초지종을 설명하기 시작했다.

"이 사람이 우리 집 대문 앞에 쓰러져 있더라고. 깨워서 물어보니까 여기가 자기 집이라기에……. 그것도 어찌나 또박또박 말하던지. 이 꼴인데도 순간 믿고 말았네."

나는 그 남자를 다시 훑어봤다. 아무리 봐도 차림새나 분위기가 너무나 이상했다. 냄새도 나고 지저분했으며 비쩍 마른 손등에 긁힌 자국도 있었다. 한쪽 다리가 아픈지 똑바로 서 있지도 못했다. 모자로 가려진 얼굴을 슬쩍 보았다. 어디서 맞았는지 입술은 잔뜩 부어 있었고, 막 100미터 달리기라도 끝낸 사람처럼 숨을 몰아쉬었다. 좀 더 자세히 보려고 얼굴을 가까이 가져간 순간, 그 사람이 살짝 눈을 떴다. 모자 속 눈과 스치듯 마주쳤다.

'혹시 형?'

그럴 리가 없다. 일단 형은 스킨헤드처럼 반질반질하게 머리를 밀고 다녔다. 그러니까 일주일 만에 머리가락이 저리 길게 자라는 건 불가능하다. 더욱이 나름 스타일을 중요시 여기는 형은 절대로 저렇게 더럽고 흉한 몰골로 돌아다닐 사람이 아니다. 내가 여전히 별 반응이 없자, 아줌마는 그 남자를 거칠게 흔들며 소리쳤다.

"이봐, 집이 어디야?"

남자가 다시 눈을 감자 아줌마는 투덜대기 시작했다.

"어쩐지 딱 봤을 때부터 이상하다 했어. 아침부터 재수 없게 이런 미친놈한테 걸려서는……. 아, 이럴 줄 알았으면 진작 그냥 경찰을 부르는 건데."

아줌마는 경찰에 전화를 하려는지 주머니에서 휴대 전화를 꺼내 들었다.

"날 왜 미친놈이라고 생각하죠?"

들릴 듯 말 듯한 목소리로 그 남자가 물었다. 순간, 난 얼음처럼 굳어 버렸다. 아주 익숙한 목소리였다. 아줌마는 어이없다는 듯 남자를 쳐다보며 대답했다.

"척 보기에 미친놈이니 그렇지. 한여름에 이 몰골로 남의 집 앞에 누워 있고, 자기 집도 못 찾고. 그게 정상인 사람이 할 짓이야?"

"그러니까 정상과 비정상을 나누는 기준이 뭐라고 생각하세요?"

남자는 힘겨워 보였지만 단호한 어조로 물었다. 아줌마는 더 이상 말도 섞기 싫다는 듯 손사래를 쳤다. 남자는 아랑곳하지 않고 띄엄띄엄 말을 이었다.

"그 기준은 한마디로 인간의 이성이겠지요. 이성을 바탕으로 정상과 비정상을 분리하는 것은 얼핏 보기에는 합리적으로 보이지만 실제로는 그 합리성을 가장한 아주 비합리적인 몽매성이 있지요."

나도 모르게 힘겹게 말하는 그 남자를 빤히 보았다.

'혹시…….'

등줄기로 땀이 흘렀다.

'형?'

아줌마는 남자를 쳐다보며 혀를 끌끌 차더니 휴대 전화를 쳐다보았다.

"미친놈은 어디다 신고를 하나? 112야, 119야? 02도 눌러야 하나?"

내게 물은 듯했지만, 이미 난 아무 생각도 나지 않았고 아무 말도 할 수가 없었다. 아줌마는 멍 때린 채 그 남자를 바라보는 내게서 이상한 낌새를 느꼈는지 마지막으로 한 번 더 확인하겠다는 듯 재차 물었다. 남자의 모자를 확 벗겨 내면서 말이다.

"진짜 모르는 사람이야?"

그럴 리가. 내가 아는 사람이었다. 더벅머리에 비쩍 야윈 그는……. 바로 형이었다.

형은 방에 들어서자마자 그대로 고꾸라져 잠이 들었다. 의사를 부를까도 생각해 봤지만 어디가 많이 아픈 것 같지는 않아 관뒀다. 대신 형의 몸을 물수건으로 대충 닦고, 옷을 갈아입히고, 긁힌 손과 얼굴엔 약을 바르고 밴드를 붙여 주었다. 그러고는 밥을 끓여 죽을 만들어 놓았다. 마침 목요일이라 학교를 제쳐도 상관없었지만 집에 있기가 힘들었다. 시궁창 냄새가 코를 찔렀기 때문이다. 제대로 씻지도 못한 채 잠든 형에게서 나는 냄새였다. 온 방 안을 그 고약한 냄새로 채우며 형은 이틀 내내 잠만 잤다.

게임방에서 돈만 날리고 집에 돌아왔더니 형은 언제 그랬냐는 듯 책상에 앉아 컴퓨터 자판을 두드리고 있었다. 입술은 여전히 부어 있었고 손에 난 상처도 그대로였지만, 덥수룩한 머리는 깨끗이 밀려 나 있었다. 나와 눈이 마주친 형은 좀 머쓱했는지 씩 웃어 보였다. 나 역시 눈으로만 슬쩍 인사를 했다. 그러고는 곧장 창문을 활짝 열었다. 형은 깨끗이 씻고 옷도 말쑥하니 갈아입었지만, 집에서는 여전히 고약한 냄새가 났다. 좀 짜증스러웠다.

"대체 이게 무슨 냄새야?"

"뭐랄까, 고전주의 시대의 악취라고나 할까?"

굳이 하지 않아도 되는 형의 이상한 대답. 형이 씩 웃었다. 또 시작이다. 고전주의 시대는 또 뭔가. 평소 같으면 그러려니 씹고 말겠지만 슬슬 신경질이 뻗친다. 난 비꼬듯 되물었다.

"고전주의 시대? 그게 뭔데요?"

"17세기 중엽부터 18세기 말까지를 말하지. 물론 유럽에서 말이야. 흔히 그 전은 르네상스 시대, 또 그 전은 중세라고 하지."

"그러니까 이게 거의 300~400년 전 냄새다?"

내가 비웃었다.

"응. 내가 그 고전주의 시대를 다녀왔거든. 돌아오는 길에 지하도로 도망치다가 시궁창에 빠지는 바람에 냄새가 좀 심하긴 하다, 그치?"

형은 킁킁 자신의 냄새를 맡으며 변명하듯 말했다.

"읽고 있는 책 이야긴가요?"

"아니. 진짜야."

형의 대답은 단호했다.

"설마."

"민병대한테 쫓기느라 상처도 났잖아. 발목도 삐고."

살짝 맛이 가 보였다. 확 짜증이 일었다.

"예, 예, 고생하셨어요. 그런 전투라면 저도 꽤 하는데……. 그러고 보니 지난 일주일 동안 겜방에 계셨구나. 무슨 게임하셨는데요?"

"진짠데 안 믿는구나?"

아니 진짜 믿을 뻔했다, 하마터면. 형의 표정이 너무 진지해서 말이다. 하지만 어느 정도 말이 돼야 믿는 척이라도 하지. 형은 그런 나를 빤히 보더니 물었다.

"너 지금 내가 미쳤다고 생각하지?"

헉! 이젠 독심술까지. 나는 속마음을 들킨 것 같아 과하다 싶을 정도로 완강히 고개를 저었다. 그러고는 화제를 돌리고 싶어 아무거나 물었다.

"고향은 왜 떠난 거예요?"

아차, 싶었다. 이건 '아무거나'라고 하기에는 너무 민감한 질문이다. 그런데 의외로 형은 심드렁하게 대답했다.

"떠나야 했으니까."

"그……. 아니 아버지 때문이에요?"

차마 그 일을 입에 올릴 수 없어 슬쩍 돌려 물었다.

"아니. 그 일하고는 상관없어."

귀신이다. 독심술을 연마한 게 분명하다.

"그 전에 이미 떠나기로 결심했었거든."

"왜요?"

내친 김에 마저 물었다.

"병원에 좀 있다 보니 신체 의학의 개념을 빌려 정신의학을 설명하는 게 잘못됐다[12]는 생각이 들더라. 그러니까 정신병을 몸에 생긴 병처럼 다루면 안 된다는 생각이 들었지. 그렇다고 심리학적인 차원에서만 다뤄서도 안 되고. 정신병은 사람의 몸 전체가 주변 환경, 예를 들면, 사회에 대해 할 수 있는 반응 가운데 하나라는 생각이 들었어. 따라서 아픈 사람 그 자체와 사회와의 관계[13]를 따져야 정신병에 제대로 접근할 수 있다는 생각이 든 거지. 그런데 병원은 그런 생각을 실현할 수 없는 곳이었거든."

내 표정이 다시 멀뚱해졌다. 이해가 갈 듯 말 듯했다. 형은 설명하듯 이야기를 이어 갔다.

"그런 생각으로 공부를 더 하고 나서 내가 얻은 결론은, 광기(狂氣)는 물질적 조건이 해결될 수 없기 때문에 자기 자신과 역사에서 소외된 결과라는 거였어. 미쳤기 때문에 소외되는 것이 아니라, 소외되었기 때문에 미쳤다는 거지. 그러니까 사회관계가 변하기만 하면 정신병은 단번에 해결되지. 물론 지금은 그렇게 생각하지 않지만, 그때는 그 생각에 확신을 가졌지."

용량 초과다. 내 두뇌 용량으로는 도저히 감당할 수 없는 내용이다. 기가바이트 용량의 자료를 받아들인 메가바이트 용량의 컴퓨터처럼 완전 멍 때리고 있었다. 그런 나를 본 형은 잠시 뜸을 들이더니 난데없이 고향의 구둣방 아저씨 이야길 꺼냈다.

"우리 고향에 미친 딱새 아저씨 생각나? 너 어렸을 때만 해도 그 아저씨 멀쩡하게 구둣방 했었는데……."

"네. 그 아저씨 아들이 우리 반이었는데 많이 아파서 만날 병원에 입원하고 그러다 결국……."

"그래 죽었지. 그 후로 그 아저씬 폐인이 됐잖아. 그때 그 아저씰 보면서 생각했어. 정신병은 사회 문제 때문[14]이라고. 환경과 인간 사이의 모순이 더없이 깊어지면 심리적인 동요가 발생하거든, 그 구둣방 아저씨처럼. 아무리 열심히 일해도 돈도 못 벌고, 결국 아들은 죽고, 병원비 때문에 진 빚은 많고, 아줌마는 도망가고, 그러다 보니 자꾸 술만 마시게 되고, 나중엔 완전히 술에만 의지한 그 아저씨 말이야. 결국 종일 술만 마시던 구둣방 아저씨는 잔뜩 취한 채 욕하고 툭하면 옷 벗고 그러면서 동네를 돌아다녔잖아. 나중엔 아예 사람들도 못 알아보고 아무한테나 구두 닦아 주겠다고 덤벼들었고, 사람들은 그런 아저씨를 미친 딱새라고 불렀지. 만약 아저씨가 돈을 잘 벌었다면, 아니 적어도 열심히 일한 만큼 돈을 벌 수 있었다면 아저씬 덜 괴로웠을 테고, 그러면 술도 그렇게 많이 안 마셨을 테고, 미치지도 않았겠지. 그러니까 그런 구조를 가진 이 사회가 아저씨를 미치게 한 거라고 생각했어."

"그럼 세상이 좋아져서 가난한 사람이 없어지면 정신병도 없어져요?"

"그땐 그렇게 생각했어. 모두가 평등한 세상이 오면 정신병도 없어질 거라고. 그래서 모순된 사회에 대항해 싸우는 것만이 정신병의 치료 방법이라고 생각했어. 노동자의 혁명을 외치던 마르크스의 사상에 영향을 많이 받았거든."

"그래서 병원을 떠난 거예요? 정신병자는 병원에서 고치는 게 아니라 세상을 바꿔야 고칠 수 있으니까?"

형은 빙그레 웃더니 엉뚱한 대답을 했다.

"아니. 내가 떠난 진짜 이유는 니체 때문이야."

니체라……. 들어 보긴 했지만 그게 뭔지는 알지 못했다. 예전에 형이 사랑하는 사람이 똑같이 니체를 좋아해서 행복하다고 했을 때 사실 궁금하긴 했다.

"그게 뭔데요?"

"철학자."

세상에나! 니체가 사람 이름이었다. 그것도 고리타분한 철학자. 니체 같은 철학자에 대해 함께 이야기를 나눌 수 있어서 그런 힘든 사랑에 빠진 거라니, 맙소사! 형은 꿈꾸듯 말을 이었다.

"니체는 내게 일종의 계시였어. 난 그의 책을 하나도 빼놓지 않고 읽었어. 덕분에 지금까지 배운 것과는 완전히 다른 차원이 있다는 걸 알게 됐지. 처음엔 좀 겁나긴 했지만 그 다른 차원이 뭔지 알게 되니까 생활과 단절해야겠다[15]는 결심이 섰어. 그래서 떠난 거야."

그만하자. 더 들었다가는 머리만 아파진다. 하지만 그런 생각과 달리 입이 제 맘대로 움직였다.

"그래서 어디로 갔는데요?"

"처음엔 서울로 다시 돌아갔어. 학교 도서관에서 공부를 시작했지. 그동안 이 사회가 정신병이나 정신병자를 어떻게 대해 왔는지 알아야겠다는 생각이 들었거든. 그래서 옛날 기록을 들추기 시작했지. 그런데 놀라운 건 옛날엔 정신병이나 정신병자를 지금하고는 좀 다르게 생각했다는 거야. 그러니까 시대마다 정신병이나 정신병자에 대해 다르게 생각했다는 거지. 정신병자는 옛날이나 지금이나 똑같은데, 세상이 그 정신병자를 대하는 태도나 방법이 달라졌다는 거야. 난 그대로인데 내가 남자를 사랑한다고 텔레비전 인터뷰를 하자마자 아버지가 불같이 화를 내고 어머닌 우시고 세상 사람들이 그렇게 날 다르게 대했던 것처럼 말이지."

가슴이 쿵하고 내려앉았다. 남자, 사랑, 아버지, 어머니, 그런 단어가 저렇게 쉽게 형 입에서 나오리라고는 상상조차 하지 못했다. 내겐 아직 무거운 그림자를 드리우고 있는 그 모든 단어가 형은 아무렇지 않은가 보다. 사실 이해가 좀 가긴 했다. 형은 하나도 변하지 않았지만, 그 사건이 있고 나서 나 역시 형을 딴 세계 사람처럼 봤으니까. 난독증인 줄 알자마자 애들이 날 안드로메다쯤에서 온 외계인으로 취급하면서 따돌렸던 것처럼 말이다. 내가 고개를 끄덕이자, 형은 자세히 이야기를 하기 시작했다.

"예전엔 정신병을 병으로 취급하지 않았어. 당연히 미친 사람은 환자가 아니었고. 처음에는 정신병자라는 말도 없었어. 그냥 광기(狂氣)가 있는 사람 정도였지. 그런데 시간이 흐르면서 사람들이 미친 사람들을 대하는 방식이 달라졌던 거야. 그래서 광기는 모순된 사회 때문에 생기는 게 아니라 역사적 산물이라는 결론을 얻게 됐지. 난 더 이상 광기의 원인을 사회 문제라고 생각하지 않게 됐어. 광기는 개인의 이데올로기를 넘어선 한 시대의 경험 문제일 뿐이야."

광기라는 단어를 말하는 형의 눈에서 특별한 빛이 났다. 형이 저런 표정으로 이야기를 시작하면 더 못하도록 막을 방법은 없다. 이제 난 꼼짝없이 형의 이야기를 듣거나 듣는 척이라도 해야 한다. 기왕 이렇게 된 거 체념하듯 형 이야기에 추임새를 넣었다.

"시대마다 어떻게 달랐는데요?"

"일단 중세에는 광인을 신과 악마 사이에 있는 하나의 인간 유형으로 취급했어. 초월적이고 계시적인 존재였지. 광기란 어떤 신성한 힘이나 초월성을 의미한 거야. 그 후로 르네상스 시대에 들어 광인은 조롱받고 도시에서 쫓겨나기도 하고 풍자의 대상이 되었어. 광인은 도시와 도시 사이를 떠돌긴 했지만 어디에 갇히거나 하지는 않았어. 중세의 신성한 광인이나 르네상스 시대의 풍자적 광인 모두 나름

대로 존엄성을 가지고 있었던 거지. 그런데 17세기 고전주의 시대에 들어 광기는 모든 종류의 일탈과 똑같이 취급됐어. 광인을 병자, 범죄자, 부랑자, 방탕한 사람, 실업자나 아주 가난한 사람처럼 사회 발전에 해를 끼치거나 도움이 안 되는 사람으로 취급했지. 그러고는 빈민 시설인 구빈원이나 감옥 같은 곳으로 보내 버렸어. 감금하기 시작한 거지."

"감옥 같은 곳이요? 범죄자도 아닌데요?"

"일단 보통 사람들로부터 광인을 격리한 거지. 사실 그 전까지 광인은 일반 사람들 속에 섞여 살았거든. 그런데 갑자기 사회에서 완전히 배제되고 추방된 거야. 우리 사회도 마찬가지였어. 동네에 미친 사람이 한두 명씩은 있고, 사람들은 그러려니 하면서 이웃해 살았지. 그러다 사고를 치면 마을에서 쫓아내긴 했어도 어디다 가두진 않았잖아."

"아, 맞다. 영화 〈웰컴 투 동막골〉을 보면 강혜정이 미친 여자로 나오는데 그냥 마을 사람들하고 같이 살아요. 총 맞아 죽으면서 '마이 아파.' 그랬는데……."

형은 하던 이야기만 계속 이어 갔다.

"아무튼 광인은 그렇게 격리 수용됐다가 나중에는 정신병리학의 대상이 됐지. 18세기의 정신과 의사 피넬[16]이 그동안 죄수처럼 다루던 광인을 환자로 여기고 의학적인 치료를 받게 했거든. 사람들은 그걸 보고 죄수의 감옥에서 광인을 해방시킨 것이라 생각했지만, 사실 정신병원이라는 또 다른 감옥에 가둔 거였지. 권위 있는 의사에게 치료를 받게 하면서 사람들은 광인의 말이 아닌 의사의 말을 믿기 시작했어. 광인이 아무리 배고프다고 말해도 의사가 이 광인은 배고프지 않다고 말하면 그 광인은 배고픈 게 아닌 게 된 거지. 광인이 하는 말은 아무도 듣지 않는 독백이 됐어. 그건 침묵이나 마찬가지지."

"그랬구나. 그런데 그걸 다 어떻게 알았어요?"

"광인을 어떻게 대했는지에 대한 옛 기록이나 광인을 묘사한 소설 같은 것을 보니까 이해가 되더라고. 하지만 직접 가서 겪으니까 더 생생하게 알겠던걸."

순간 난 뭔가를 잘못 들었나 했다. 직접 가서 겪다니, 뭘?

"뭘 겪어요? 어딜 직접 갔는데요?"

"시랍이라는 도시였는데 유럽 어디쯤인 것 같았어."

"시랍이요?"

더구나 유럽 어디쯤이라.

"응. 내가 처음 시랍에 도착했을 때는 15세기 말, 그러니까 유럽 중세 말에서도 끝자락이었지. 그때 유럽에는 암울한 기운이 감돌았어. 페스트가 휩쓸고 갔고, 십자군 전쟁으로 경제는 파탄 나 유럽 전체가 기근에 허덕일 시기였지. 기독교 사회의 사상이나 문화에 사람들의 고단함이 극에 달했어."

형이 본격적으로 헷갈리기 시작한 듯해 바로 잡아야겠다는 생각이 들었다.

"직접 가 보니까가 아니라 책에서 보니까 그렇다는 거죠?"

형은 씩 웃으며 가볍게 대답했다.

"직접 가 보니까가 맞는데."

형은 '가 보니까'에 힘을 주어 대답했다.

"갔다고요, 직접?"

난 걷는 시늉까지 해 가며 물었다.

"믿기 힘들긴 하겠지. 나도 처음엔 얼떨떨했으니까. 그런데 진짜야. 내가 직접 다녀왔어. 21세기 유럽엘 가는 것도 멋진 일인데, 중세의 마지막과 르네상스 시대의 시작이 맞물려 있던 유럽을 다녀오다니 정말 멋지지 않냐? 고작 며칠이긴 했지만 말이야. 물론 돌아와 보니까 현재에서는 겨우 하루밖에 지나지 않았더라고."

저렇게 진지하게 이야기를 늘어놓는 형을 보니 정상은 아닌 듯해 안타까운 마음까지 들었다.

"언제 갔었는데요?"

"어……. 이 집에 들어오기 직전에. 그곳에 다녀오니 네 생각이 나더라고. 너한테 이 멋진 얘길 들려주고 싶기도 했고, 너라면 날 믿어 줄 것도 같았고."

아니, 믿기는커녕 이해도 안 된다. 그렇다고 솔직히 말하기도 뭐해서 슬쩍 딴청을 피우려는데, 형이 진심을 담아 말했다.

"사실 이 집에 오자마자 너에게 말하려고 했는데 그럴 수가 없더라고. 처음엔 우연히 간 거라서 확신이 없었거든. 그런데 이렇게 두 번이나 그것도 우연히 간 게 아니라 내가 직접 세운 가설을 가지고 실험을 통해서 다녀오니까 말할 용기가 생겼지."

"두 번이나 갔었다고요?"

"응. 그러느라 집을 비운 거잖아. 혹시나 하고 실험을 해 본 거였는데, 진짜로 시공간의 틈이 벌어지더라고. 나도 모르게 뛰어들었지."

"그래서 도착한 곳이 또 시랍이었다, 그것도 15세기?"

"아니. 이번엔 17세기에서 18세기. 그러니까 고전주의 시대 초부터 말까지의 시랍을 두루 다 돌았어. 그러느라 좀 길게 다녀왔지. 몇 달은 있었던 것 같아."

뭐야, 그러면 그 시랍인지 뭔지 하는 곳에 한 번도 아니고 두 번씩이나 다녀왔다는 거야? 몇 달은 또 뭔 소리야?

"저기요, 딱 일주일이었는데요?"

"그러게. 난 꽤 오래 다녀온 것 같은데, 여기서는 겨우 일주일이 흘렀더라고."

날 놀리려고 하는 소리 같진 않았다. 어쩌면 진짜인 듯도 했다. 엊그제 형이 돌아왔을 때를 생각해 보면 누가 봐도 집 나간 지 일주일밖에 안 된 사람의 몰골은 아니었다. 무엇보다 형의 그 더벅머리, 다른 건 몰라도 일주일 만에 머리카락이 그렇게 자랄 수는 없잖은가?

"그런데 시랍 말인데요, 거길 어떻게 갔어요? 타임머신 탔어요, 아님 초능력?"

"둘 다 아냐."

형의 얼굴에 다시 빙글거리는 미소가 떠올랐다.

"그건……."

형은 내 귀에 입을 가까이 대고 속삭였다.

"……. 비밀이야."

피시시식. 갑자기 맥이 확 풀리면서 동시에 마법이 풀린 듯 정신도 돌아왔다. '비밀이야.'라는 형의 말이 '뻥이야.'나 마찬가지로 들렸기 때문이다. 그러면 그렇지. 푸코 때문에 내가 잠시 이성을 잃었던 거다. 이런 얼토당토않은 이야기를 믿다니. 그 긴 머린 아마 가발이나 뭐 그런 걸 테다. 그러니까 그새 다시 저렇게 반들반들한 머리가 됐지.

눈치 없는 형은 분위기 파악도 못하고 계속 설명했다. 어느새 목소리까지 높아졌다.

"시공간의 틈은 참 대단한 발견이었지. 처음엔 얼마나 얼떨떨했다고. 도서관에서 공부를 하는데 정말 우연처럼 실수로 시공간의 틈에 빠지게 된 거야. 돌아와서 맹렬히 연구했지. 시공간의 틈을 생기게 하는 방법을 말이야. 그러고는 겨우 알아냈지. 아직도 믿기지가 않아, 내 가설이 맞았다는 게."

이제 형은 볼까지 발그레 상기되었다. 모르는 사람이 보면 형은 정말이지 위대한 발견을 한 학자 같았을 것이다. 그만큼 형은 진실돼 보였다. 하지만 막상 형의 이야기를 단 10초 만이라도 들으면 사람들은 생각할 것이다, 정상이 아니라고. 나 역시 형이 비정상이라고 생각하기는 싫지만 이제는 인정해야 할지도 모른다는 예감이 들었다.

그런 날 아랑곳하지 않고 형은 흥분된 눈빛을 마구 쏘며 인심 쓰듯 속삭였다.

"힌트를 좀 줄까? 넌 내 동생이니까. 음……. 결정적 힌트는 시대의 진리를 의심하라!"

나는 한 귀로 흘리면서 대충 맞장구를 쳤다.

"시대의 진리를 의심하면 시공간의 틈이 벌어져요?"

"응."

"어떻게요?"

"음……. 글쎄, 네가 이걸 이해할 수 있을지 모르겠는데, 일단 설명을 해 보자면 에피스테메[17]라는 것이 있어."

헉! 에피스 뭐? 머리가 확 아파 온다. 저렇게 어려운 단어가 나온다는 것은 곧 도저히 나로서는 이해할 수 없는 이상한 이야기가 이어짐을 의미한다. 난 바로 관심 없는 표정을 지었지만, 형은 원래 눈치가 없다.

"에피스테메란……. 무의식적 지식의 구조라고 할 수 있는데, 각 시대별로 완전히 다른……. 에이 아니다. 다음에 기회가 닿으면 설명할게."

어라, 눈치가 있네. 다행이다. 나는 안심하며 마저 물었다.

"그러니까 그 에피스……. 그거만 알면 돼요?"

"아니, 그다음엔 도서관이나 박물관으로 가야지. 이번엔 박물관을 통해 다녀왔거든."

왜 차라리 기차역이라고 하지, 해리포터처럼.

"마법의 빗자루 같은 건 없나요?"

농담 삼아 한 말인데 형은 진지했다.

"마법의 빗자루? 그런 건 없던데? 물론 사람들이 마법사라 믿는 사람은 있었지. 그 시기에는 그런 게 보편적이었거든."

갈수록 태산이다. 아무래도 진짜로 좀 이상해진 듯하다. 이럴 땐 자는 게 최고다. 나는 형의 이야기를 건성으로 듣는 척하면서 이불을 펴기 시작했다. 누워서 적당히 응수를 하다가 잠들어야겠다고 생각하며 아무거나 물었다.

"그래서 시랍은 어떻던가요?"

그게 실수였다. 형은 그냥 해 본 내 질문에 정말 성실하게 답했다. 처음 시랍에 도착해서 겪은 한 달 동안의 일이었다. 덕분에 그날 밤 내내 형의 길고 긴 이야기를 들어야만 했다. 그것도 듣도 보도 못한 시랍이란 곳, 더구나 15세기 마술 고래와 함께했다는 그 황당한 여행기를 말이다.

[9] 미국 드라마 〈히어로즈〉(Heroes, 2009~2010)는 놀라운 초능력을 소유한 평범한 사람들의 삶을 다룬 드라마이다.

[10] 〈시간을 달리는 소녀〉(時をかける少女, The Girl Who Leapt Through Time, 2006). 호소다 마모루 감독의 극장용 애니메이션으로 우연히 시간을 뛰어넘는 능력을 갖게 된 소녀가 성장하는 이야기를 담았다.

[11] 타임 리프(Time Leap)는 시간을 뛰어넘어 자신이 원하는 과거의 어느 순간으로 돌아가는 것을 말한다.

[12] 푸코는 초기 저서에서 당시의 경향, 즉 신체 의학의 개념을 빌려 정신의학을 설명하는 '메타 심리학(Métapsychologie)'을 비판했다. '메타 심리학'이란 정신병과 신체의 병을 동일하게 보거나 정신병을 신체의 병의 연장선상에서만 다루는 시도로 푸코는 이를 비판하는 한편 정신병을 순전히 심리학적인 차원에서만 다루는 시도 역시 비판했다.

[13] 푸코는 병든 자의 의식 속에서 설정되는 주체로서 병자와 세계와의 관계 문제를 제기하면서, 병자-인간 실존과 세계와의 관계를 파악하고 인간 실존의 총체를 분석하는 것이 중요하다고 주장했다.

[14] 푸코는 마르크스주의적 관점이 강했던 1954년 《정신병과 인격》이라는 자신의 저서를 통해 모든 병의 근원은 모순된 사회 구조에 있으므로 사회에 대항하여 싸우는 것만이 정신병의 치료 방법이라고 주장하였다. 즉, 소외로부터 벗어나기 위해서는 계급이 없는 공산주의 사회를 지향해야 하고, 이때의 공산주의 사회란 계급도 없고 병자도 없는 사회를 말한다. 이렇게 주장하던 푸코는 1962년 이 책을 《정신병과 심리학》으로 개정하면서 마르크시즘과 단절하고 새로운 방식으로 광기에 접근한다.

[15] "니체는 제게 일종의 계시였습니다. 저는 지금까지 교육받아 온 것과는 전적으로 다른 누가 있다고 느꼈습니다. 그의 저술을 열광적으로 독파했고, 저의 생활과도 단절했습니다. 수용 시설 일을 버리고 프랑스를 떠난 거죠." - 미셸 푸코 《자기의 테크놀로지》 중에서

[16] 피넬 (Pinel, Philippe, 1745~1826), 프랑스의 저명한 정신과 의사.

[17] 에피스테메(episteme)는 일정한 시기에 있어 인식론적 형상, 학문 그리고 형식화된 체계를 낳게 하는 언설적 실천을 결합하는 관계의 총체이다. (중략) 에피스테메는 매우 다양한 학문 영역을 넘나들면서 하나의 주체나 정신 또는 어떤 시대의 지배적인 통일성을 나타내는 인식의 한 형태나 합리성의 한 유형이 아니다. 그것은 언설적 규칙성의 수준에서 학문을 분석하고자 할 때 제반 학문 사이에서 일정한 시대 동안 발견될 수 있는 관계의 총체이다. - 미셸 푸코 《지식의 고고학》(갈리마르 출판사, 1969, 250쪽에서 인용)

# 6

# 광인들의 배

이 얘긴 처음부터 잘 들어야 해. 디테일 속에 재미가 있는 거니까. 그럼 지금부터 '15세기 말 시랍 여행기'를 시작해 볼까. 내가 겪은 대로 이야기를 해 볼게. 흠!

봄볕이 가득한 날이었어. 한 남자가 도서관에서 책을 보고 있었지. 그 책은 중국의 오래된 백과사전이었어. 남자는 황당한 내용으로 가득 찬 그 사전을 보다가 문득 장난기가 발동했어. 뭔가 실험해 보고 싶었던 거지. 남자는 벌떡 일어나 서가를 돌기 시작했어. 더 이상은 비밀이니 생략하고! 아무튼 그러다 남자는 우연히 생긴 시공간의 틈으로 빠지고 만 거야. 빛보다 빠른 속도였던 듯해. 너무 빠른 속도에 몸이 터질 것 같았거든. 참지 못한 남자는 그만 정신을 잃고 말았지.

그렇게 얼마나 지났을까, 남자는 시끄러운 소리에 눈을 떴어. 둘러보니 축축한 뒷골목의 수로 옆이더군. 처음엔 자신이 죽었다고 생각했지. 생전 처음 보는 풍경에 처음 보는 사람들, 주변 공기 역시 처음 맡는 이상한 냄새로 가득 차 있어서 지옥문 앞인가 싶었지. 그런데 정신이 좀 들자 남자는 침착해졌어. 신기하게도 누가 입력이라도 한 듯 여기가 어딘지 몇 년도인지 저절로 알겠는 거야. 남자는 15세기 말 시랍이라는 도시에 도착한 거였어. 시랍은 유럽 어디엔가 있는 도시 같았지만 그 이상은 떠오르는 게 없었지. 당연히 얼떨떨했지. 주변을 다시 한 번 찬찬히 둘러보니 이 모든 것이 사실인 듯했어.

그러자 이제는 현재로 돌아갈 일이 걱정되기 시작했어. 과연 현재로 돌아갈 수 있는 건지, 돌아갈 수 있다면 어떻게 돌아가야 하는지. 그런데 동시에 어떤 문장이 떠오르는 거야.

'두 개의 눈 사이에 늙은 남자의 뇌를 쪼개 날려라!'

이게 뭔 말인지는 전혀 이해가 되지 않았지만 어쨌든 돌아갈 수 있는 열쇠인 것만은 분명했어. 거기까지 생각하자 더 이상은 아무 생각이 떠오르지 않았어. 갑자기 머릿속이 텅 빈 듯했지.

남자는 혼자 버려진 느낌이었어. 이제부터 뭘 어떻게 해야 할지 알 수가 없었지. 막막한 눈으로 둘러보는데 골목 끝에서 바람이 불어왔어. 축축하고 비릿했지. 어디선가 노랫소리가 들려왔어. 순간, 머리가 지잉 울리는 느낌이 들면서 그 노랫소리가 무슨 말인지 다 알아듣게 됐어. 분명 시랍의 언어인데 또박또박 통역이 돼 들리는 거야. 남자가 하는 말 역시 시랍의 언어로 바뀌어 전달됐어. 마치 고성능 통역기를 단 것처럼 말이야.

아무튼 남자는 자기도 모르게 그 노랫소리를 따라갔어. 마침내 골목 끝 모퉁이를 돌아섰을 때 남자는 깜짝 놀랐어. 그곳은 항구였어. 배가 들락거리고 사람들로 북적이는 중세 유럽의 부둣가였지. 그림이나 영화 같은 데서 본 풍경 바로 그대로였어. 뭔지 모를 흥분에 남자의 가슴은 두방망이질 치기 시작했어. 진짜로 수백 년 전 유럽에 온 거야. 믿을 수가 없었지.

노랫소리는 부둣가 한구석에서 흘러나왔어. 흥분한 남자가 뛰다시피 그 소리를 따라가 보니, 사람들이 빙 둘러서서 노래를 부르고 있더라고. 대부분 취기가 잔뜩 오른 것처럼 보였는데, 주위는 아랑곳않고 목소리를 높여 노래를 불렀지.

> 한 가지 유행이 지나가면 새 유행이 꼬리를 무니,
> 우리네 마음이란 놈이 창피한 줄 모르고
> 참으로 경박하고 오락가락한다네.

'어디서 많이 들어 본 내용이긴 한데…….'

남자는 그들 가까이 갔지.

> 이 나라에 유행의 바람이 몰아칠 때마다,
> 치마가 자꾸 짧아지고 배꼽이 드러나니
> 차마 눈 뜨고 못 볼 꼴불견일세!

그렇게 듣다 보니 어느새 남자도 그 노래를 따라하고 있는 거야.

거리낌 없는 훌러덩 패션으로 예절을 비웃고
자연이 감춘 것까지 굳이 까 보인다네!

유행에 휩쓸리는 세태를 비난하는 이 노래. 그러고 보니 남자도 아는 노래였지. 르네상스 시대 유럽의 베스트셀러 《광인들의 배》[18]에서 봤거든. 광인이나 바보를 가득 태운 배가 바다 위를 떠도는 이야기지. 저자는 "무덤이 코앞에 있건만 아직도 어리석음을 못 버렸다."며 당시 세상을 풍자했어. 중세 말의 무질서와 혼란을 비판하고 이를 개선하려는 의도로 쓴 책이지. 그래서 그 배에 탄 광인이나 바보의 모습을 통해 그 시대를 조롱하고 풍자하는 내용이 주였어. 인간의 탐욕, 부패, 나태 같은 갖가지 죄악을 규탄하고 하나님의 지혜로 귀의할 것을 촉구한 거지.

사실 이 책의 원래 제목은 《바보배》야. 하지만 《광인들의 배》라는 제목도 틀린 건 아니지. 왜냐면 그때는 바보라는 말에 광인도 포함돼 있었거든. 바보란 말하자면 이성이 결여된 사람이고, 이성이 결여된 사람은 이성을 상실한 사람, 곧 광인도 포함하는 거지. 그 시대의 이성이란 기독교의 신인 하나님이 주신 지혜를 뜻했는데, 이 책에서의 바보는 바로 이러한 지혜가 없는 사람을 가리키는 거야. 광인을 포함해서 말이지. 책의 구성은 아주 심플해. 한쪽에는 판화로 바보의

_ 히에로니무스 보슈의 그림 〈광인들의 배〉

행동을 보여 주고, 그 옆쪽에는 저자가 이를 마음껏 비꼬는 내용이 들어가 있지.

남자는 예전에 열심히 읽던 책이라 그 내용을 아주 잘 알았지. 예를 들면, 이런 내용도 있었어.

허세 부리기는 학문하는 자들도 마찬가지라네.
클레멘틴이나 섹스투스는 들여다본 적이 없고,
법학 개요, 법령집, 로마법 강의는 책 껍데기도 구경 못했지만,
그래도 양피지 학위 증서 한 장 달랑 들었으니,
이 물건이 장차 권리를 보장하는 밥줄 증명서일세.

중세 말부터 사람들이 모여 이 노래를 부르곤 했다는 이야길 그때 책에서 읽긴 했지만, 눈으로 직접 보니까 정말 르네상스가 이미 시작된 중세의 끝자락에 와 있다는 실감이 들었지. 그러면서 그동안 자신이 고민했던 문제에 대한 실마리를 찾을 수 있지 않을까 하는 기대가 생겼어. 책으로 볼 때는 막연했지만, 눈으로 보고 직접 겪으면 확실해질 테니까.

기록에 의하면 이 《광인들의 배》는 그냥 상상으로 지어낸 이야기는 아니라고 해. 진짜로 그 시대 유럽의 강어귀나 바다에는 광인이나 바보를 실은 이 광인들의 배가 떠다녔다고 하거든. 강이나 바다를 낀 거의 모든 주요 도시에는 광인들의 배가 드나들었다는 거지.

그러면 여기 어디에도 그런 광인들의 배가 있을지 몰라. 그러자 남자는 더욱 흥분됐어. 15세기 광인을 직접 보면 그 시대엔 광인을 어떻게 대했는지 알 수 있을 테니까. 그러면 중세 말에 광인을 대하는 방식이 21세기 현재랑 정말 다른지, 다르다면 어떻게 다른지 확인할 수 있거든.

남자는 마음이 급해졌어. 더 많은 곳을 둘러보고 싶었지. 노래하는 사람들 틈을 벗어나서 좀 더 걸어 보기로 했지. 부둣가는 많은 사람들로 북적였어. 출항 준비에 바쁜 사람도 보였고, 이제 막 배에서 내려 육지에 닿은 기쁨을 만끽하러 몰려가는 선원도 보였지. 그런 선원을 향해 뭔가를 팔려는 사람, 구석에서 열심히 허드렛일을 하는 사람, 또 구걸하는 사람도 있었고.

두리번거리던 남자와 마주친 사람들의 반응은 비슷했어. 놀라서 하던 일을 멈추고 멍하니 쳐다보거나, 위아래를 훑어보며 갸웃거리다가 옆 사람과 수군대거나 했지. 하지만 나중엔 다들 손가락질하며 웃었지. 하긴 15세기 말 유럽에 21세기의 아시아 인이 나타났으니 생김새며 입은 옷이며 모든 게 다 너무 이상하고 웃겼겠지. 그게 다였어. 다들 제 일이 바빠서 금세 자신들이 하던 일로 돌아갔지.

그런 사람들을 뒤로하고 부둣가의 끝자락쯤에 도착했어. 대충 한 바퀴 돈 것 같은데 아직 광인들의 배는 눈에 띄지 않았어. 이제 어디로 가 보나 궁리를 하는데, 뒤에서 다 쉬어 빠진 목소리가 들리더군. 돌아보니 어떤 늙은이가 연설을 하고 있었어. 지나가는 사람들 중 어느 누구도 그 노인에게 관심을 보이지 않았지. 하지만 무관심한 게 아니라 모두 슬금슬금 피하는 눈치였어.

"논리나 제도의 압력을 초월하여 인간 본성에 폭발하는 영혼의 불꽃을 깨달으십시오! 피조물의 유한성을 초월한 모든 것의 근본은 오직 하나님이고, 인간의 영혼은 그 본질에서 하나님과 동일하며, 하나님과 합일(合一)하는 것이야말로 사람이 누리는 최고의 복입니다! 이 합일의 극치를 나는 '영혼에 있어서의 신의 탄생'이라 부르고 싶습니다!"

그렇게 외치는 노인의 날카로운 눈이 남자와 마주쳤지. 남자는 섬뜩한 기분이 들어 그 눈을 피할까 하고 있는데, 노인은 남자를 향해 씩 웃어 보였어. 마치 그를 전부터 알고 있다는 듯이. 그러고는 허공을 향해 설교를 이어 갔지.

"우리가 하나님의 빛에 조명을 받고 그분의 사랑에 불타게 되면, 자신의 유한성을 이탈함과 동시에 그때부터 자기 속에 자기 대신 그리스도가 살아가게 됩니다. 그리고 이를 통해 참 자아를 실현하게 되는데, 그것이야말로 인간이 신으로 변하는 것[19]이며 '완전한 행복'의 경지인 것입니다!"

자세히 들어 보니 그건 중세 독일 신비주의[20]의 대표자인 에크하르트[21]가 주장한 내용이었지. 남자는 그제야 슬금슬금 하는 사람들의 행동이 이해되었어. 사실 에크하르트의 설교는 이단적이라고 재판에 회부돼 유죄 판결을 받았고, 그가 죽은 후에도 여전히 위험한 사상으로 간주돼 금기시됐거든. 이미 100년도 훨씬 전인 14세기 초부터 말이지. 여차하면 불똥이 튈지 모르니 사람들이 저리 피하는 거였어.

'그 노인네 참 용감하군.'

남자는 그렇게 생각하며 골목 안쪽으로 천천히 발길을 옮기기 시작했어. 골목 안은 부둣가와는 또 다른 풍경이었어. 저 멀리 골목 끝에 성문이 보이고, 양 길가로는 집이 드문드문 보였지. 그 골목은 짐을 지고 가는 사람이나 말이 끄는 수레로 붐볐어. 그렇게 두리번거리며 걷는데 갑자기 골목 안이 어수선해지기 시작했어. 순간, 누군가 남자를 치고 달려갔지. 놀라 어정쩡하게 서 있는데 갑자기 여기저기서 쫓기고 쫓는 사람들이 막 나타나는 거야. 쫓는 사람들은 모두 같은 색의 모자를 썼어.

골목 안은 아수라장이 됐지. 상황 파악이 전혀 안 된 남자는 거칠게 뛰는 사람들을 피해 한쪽 벽으로 바짝 붙어 섰어. 그 순간 누군가 남자를 잡아끌면서 골목 안쪽을 향해 뛰었어. 영문도 모른 채 남자도 일단 따라 뛰었지. 그런데 성문 입구에 다다랐을 때 남자는 이대로 따라 뛸 수 없다는 생각이 퍼뜩 들었어. 누군지도 모르는 사람한테 그냥 끌려갈 수는 없잖아. 잡힌 손을 뿌리치며 버텼지.

"쫓겨나기 싫으면 빨리 뛰어!"

거칠게 소리친 사람은 아까 부둣가에서 설교를 하던 그 노인이었어.

"쫓겨난다고요, 왜요?"

남자가 물었지. 노인은 완강했어.

“지금은 설명할 시간이 없어. 일단 따라와!”

남자는 갈등했어. 같이 이단으로 몰리면 낭패니까 무턱대고 따라갈 수는 없는 노릇이었지. 어떻게 해야 할지 판단할 수가 없었어. 그때였어. 골목 저편에서 비명과 함께 왁자한 소리가 들려왔어. 노인은 잽싸게 남자를 잡아끌고는 길거리에 서 있던 짐수레 뒤에 밀어 넣었어. 노인과 남자는 몸을 숨긴 채 주변을 살폈지. 길 건너편에선 같은 색 모자를 쓴 사람 몇몇이 마을 안쪽에서 끌고 온 벌거숭이 남자에게 사정없이 채찍질을 했어. 사람들이 몰려들어 구경하기 시작했어. 맞는 남자는 비명은 질렀지만 눈은 멍하니 풀려 있었어. 누가 봐도 제정신이 아닌 것처럼 보였지. 남자는 노인에게 물었어.

“왜 때리는 건가요?”

“미친놈이니까. 벌거벗고 성 안을 돌아다녔나 보군.”

“때리는 사람들은 누군가요?”

“시 당국에서 나온 사람들이야. 미친 사람을 색출하는 일을 하지.”

“그래도 저렇게 잔인하게…….”

남자는 혀를 차며 중얼댔어.

“저 정도는 약과지. 어떨 때는 미친 사람을 잡아다가 사냥 놀이의 사냥감으로 삼거나 쇠몽둥이로 두들겨 패기도 하는걸.”

노인은 낮은 소리로 남자에게 속삭였어. 그때였어.

“저 이상한 놈은 뭐야?”

내다보던 남자와 모자를 쓴 남자의 눈이 마주친 거지. 모자들이 우르르 몰려왔어. 깜짝 놀라 미처 몸을 피하기도 전에 누군가 남자의 어깨를 몽둥이로 내려쳤고, 쓰러지는 남자의 눈에는 앞에서 쓰러지고 있는 노인이 보였지.

남자가 눈을 뜬 곳은 배의 갑판 위였어. 어느새 부슬부슬 비까지 내리고 있었지. 정신이 든 남자는 몸을 일으키려 했어. 어깨가 욱신거려 자기도 모르게 신음이 새어 나왔어. 아픈 어깨를 부여잡으며 주변을 둘러보니 배 안에는 별의별 사람이 다 있더군. 가난에 절어 보이는 사람, 다른 사람에게 고래고래 욕하는 사람, 술에 취해 굴러다니는 사람, 구석에 앉아 이상하게 생긴 방울을 흔드는 장님, 양팔을 벌리고 하늘을 향해 중얼대는 사람 등 뭐 일일이 열거할 수도 없을 정도였지. 그리고 아까 벌거벗은 채 매 맞던 사람도 보였어. 거칠게 왔다 갔다 하는 몇몇 선원을 빼고는 모두 제정신이 아닌 듯 보였어.

'광인들의 배다!'

남자는 직감했지. 흥분에 차서 다시 한 번 찬찬히 배 안을 둘러보던 남자 눈에 그 노인이 들어왔어.

"내 안에서가 아니면 그분을 알지 못합니다. 하나님께서 그대에게 원하시는 것은 그대가 피조물인 자신에게서 벗어나 하나님을 그대 안에 계신 하나님이 되도록 하는 것입니다!"

여전히 그 노인은 혼자 목이 터져라 설교하는 중이었어. 그것도 너무나도 진지한 얼굴로 말이지. 몇몇 사람은 뱃전에서 멀어지는 육지를 향해 노래하기도 했어.

> 여행하려고 배에 오른 사람들이 보기에
> 멀어져 가는 것은 배가 아니라 육지라네.[22]

간신히 몸을 일으켜 밖을 보니, 배는 이제 막 부두를 떠나는 중이었어. 정말로 육지가 멀어져 가고 있더군. 남자는 특별한 항해가 시작됐다는 것을 알았지.

“이번에는 저 미치광이 점성술사가 제대로 맞혔구먼.”

이미 귀에 익은 목소리가 남자를 깨웠어. 그 노인이었지. 남자는 어떻게 대꾸해야 할지 몰라 멀뚱하니 쳐다만 봤어. 노인이 남자 옆에 척 앉으며 이야기를 이어 갔지.

“아주 먼 곳에서 푸른 구름이 암흑의 구슬을 품은 황금을 감추고 온다고 했거든. 상상할 수도 없이 아주 머나먼 곳에서.”

노인은 양팔을 벌리고 하늘을 향해 중얼대는 사람을 턱으로 가리키며 말했어. 노인의 턱짓을 따라 시선을 점성술사에게 던지고는 남자가 물었지.

“그게 저란 말씀인가요?”

“물론이지.”

노인은 확신에 차서 대답했어.

"구름은 푸르지도 않고, 전 구슬이나 황금 같은 건 구경도 못했는데요?"

남자는 하늘을 올려다보며 말했어.

"하하. 말귀가 어두운 청년이군. 푸른 구름은 바로 이걸 이야기하지."

노인은 남자가 입고 있던 파란색 셔츠를 가리키며 말했어.

"구름하고 옷하고 무슨 상관이라고……."

남자는 궤변이라는 생각에 말끝을 흐렸지.

"무슨 상관이긴. 뭔가를 둘러싼다는 의미에서 비슷하지 않은가?"

노인은 이런 멍청이를 봤나 하는 표정이었어. 할 수 없지. 그렇다 치고 내친김에 멍청한 질문 하나 더.

"그럼 구슬이나 황금은?"

"암흑의 구슬은 여기 있구먼."

노인은 남자의 눈을 가리키며 웃었어.

"자네 눈동자는 암흑처럼 검고, 살빛은 금처럼 누렇지 않은가? 둘러보게, 여기 어느 누가 자네와 같은 색의 눈동자나 피부를 가진 이가 있는가."

"그럼 푸른 옷을 입고 검은 눈을 가진 황색인이 온다고 하면 되지 뭘 그리 어렵게 이야길 합니까?"

남자는 조금은 툴툴대듯 말했어. 그러자 노인은 태평스럽게 대답했지.

"그게 그 말이지. 뭐가 다른 말이라고."

좀 무시하는 말투였지. 하긴 생각해 보니 이 시대는 아직 사물과 말이 분리되지 않은 시대였어. 말과 사물 간의 유사성에 기초해 이야기를 했거든. 이 시대 사람들은 신이 유사성의 표시를 도처에 뿌려 놓았고, 인간은 그것을 찾아 나서서 해석하는 것이 세계를 이해하는 방법이라고 생각했어. 당연히 무엇이든 유사성의 견지에서 세계에 질서를 부여했지. 삶이라는 극장, 자연이라는 거울, 뭐 이런 식으로 서로 비슷한 것끼리 연결해 생각하는 거야. 남자는 살짝 시비를 걸어 봤어.

"그런데 저 점성술사는 왜 잡혀 왔답니까? 그렇게 미래를 볼 수 있으면 자신이 잡힐 거란 사실도 알았을 테고 그럼 도망갈 수도 있었을 텐데."

노인은 피식 웃으며 대답했지.

"저 점성술사 말로는 자기가 이 배에 타게 된 이유는 바로 우주의 운행 원리 때문이라더군. 자신이 이 배에 타야 별들이 길을 잃지 않고 무사히 제자리로 갈 수 있다더군."

"그 말을 믿으십니까?"

남자는 시큰둥하게 물었지.

"난 마이스터 에크하르트라고 하네."

노인은 마치 남자의 질문은 듣지 못했다는 듯 딴청을 피우더니 불쑥 자기소개를 하더라고.

"수사 학위를 받았기 때문에 사람들은 그냥 마이스터라 부르지. 하지만 줄여서 마에라고 부르게. 난 그게 편하니까."

남자는 깜짝 놀랐어. 진짜 에크하르트라고 생각한 거야. 물론 단 1초도 안 걸려 그럴 리가 없다는 생각이 들었지만 말이야. 죽은 지 150년도 넘은 에크하르트가 여태 살아 있을 리가 없잖아? 아마도 에크하르트의 사상에 심취한 얼치기 신비주의자인가 싶었지.

"자네는 상상할 수도 없이 머나먼 곳에서 왔다며? 그래 그곳은 어떤가?"

마에는 정말 궁금한 표정으로 물었어.

"글쎄요. 많이 다르지요."

달리 대답할 말이 없는 남자는 말을 돌리고 싶었어.

"그런데 제가 왜 이 배에 타고 있는 건가요?"

"그야 자네가 미쳤으니 그랬겠지."

마에는 그것도 모르냐는 듯 대답했어.

'미쳤다고? 내가?'

남자는 어이없었지만 뭐 외모로 보나 입은 옷으로 보나 이 도시 사람들 눈에는 그렇게 보일 수 있겠다는 생각이 들긴 했어. 일단은 이해하기로 하고, 당장에 확인하고 싶은 것부터 묻기로 했어.

"그럼 이 배가 광인들의 배인가요?"

"이제야 현실을 제대로 파악했구먼. 그러고 보면 아주 미친 것 같진 않구먼."

광인들의 배! 진짜 광인들의 배가 있었어. 남자는 여기서 뭔가 진실을 알 수 있을지 모른다 생각하니 수많은 질문이 한꺼번에 떠올랐어.

"그런데 누가 우릴 배에 태운 거죠?"

"뻔하지. 시 당국 사람들이지."

"왜요?"

"쫓아내려고. 일단 도시의 경계선 바깥으로 몰아내고 보는 거지."

'오호라, 이것 봐라. 진짜였구먼.'

남자의 눈이 반짝이기 시작했어. 각 시대마다 광인을 어떻게 대했는지 알고 싶어서 그동안 열심히 찾아 읽었던 중세 기록이나 자료에서도 이와 비슷한 이야기가 있었거든.

"좀 더 자세히 설명해 주세요."

마에를 재촉했어.

"시 당국이 관할 구역 내를 방랑하는 광인을 추방하기 위해 시행한 일반적인 조치로 해석할 수 있지. 그것도 타 지역에서 시랍으로 와서 떠도는 이방인 광인만 골라서 추방시키는 것 같아. 도시에 속하는 광인만큼은 각 도시가 책임지고자 하는 것 같으니까. 시 예산으로 운영하는 수용 시설도 있거든. 물론 억지로 가두는 건 아니지."

야릇한 흥분에 휩싸인 남자는 아는 척을 하고 싶어 거들었지.

"하긴 미치광이 사제만 봐도 그렇긴 한 것 같아요."

"음, 자네도 그 소문을 들었구먼. 미치광이가 된 그 사제는 사실 교회로부터 징계를 받지는 않았지만 아주 엄중한 절차에 따라 쫓겨났지. 그런데 그 미친 사제에게 노자로 할당된 돈은 시 예산에서 지출되었어. 시에서 최소한의 책임을 진 거지."

'읽었던 내용과 척척 맞아 떨어지는군.'

남자는 다시 물었어.

"그럼 이 배엔 광인만 태우나요?"

"대부분은 그렇다고 할 수 있지."

남자는 고개를 끄덕이며 떠보듯 물었어.

"그럼 당신도?"

"난 미치지 않았어."

약간 주눅 든 듯 작은 목소리로 마에는 설명을 이어 갔어.

"다만……. 사람들한테 찍혔을 뿐이야, 이단으로. 성경을 잘못 해석하는 사람으로 말이야. 내 해석이 좀 위험하다나 뭐라나. 하지만 난 미치진 않았어. 단지 성경을 해석하는 데 견해 차이가 있을 뿐인데, 이렇게 미친 사람 취급하는 거지."

듣고 보니 뭐 그럴 수도 있겠다 싶었어. 이단이라고 미친 것은 아니잖아. 하지만 그 시대는 정상인과 광인을 가르는 기준이 달랐지. 신의 지혜를 갖지 못하거나 신의 지혜를 상실한 사람이 광인이었거든. 성경을 잘못 해석한다는 것은 신의 지혜를 갖지 못한 거니까, 이 노인은 그 시대의 기준으로 보면 미친 거고 광인인 거지.

"그런데 대체 왜 광인을 왜 그렇게 열심히 쫓아내는 거죠? 사회의 이익을 위해서? 도시의 안전을 해칠까 봐 그러는 건가요?"

"글쎄, 광인을 쫓아내는 건 단지 사회에 유용하다든가 도시의 안전을 지킨다든가 하는 차원에서만 그러는 거 같지는 않네. 어떤 의미에서는 특별한 의식에 가까운 의미가 있는 듯해. 이 시대에도 여전히 광기는 지각의 대상이 아니라 상상력에 기반을 둔 강박관념이라고 할 수 있거든. 그러니까 광인을 어떤 경계 위에 놓는 것이지. 지금처럼 배에 태워 항해를 시키는 경우를 예로 들어 보자고. 좀 전에도 말했지만 사람들은 광인을 사람의 경계라 상상하지. 게다가 물은 이 세계 육지와 저 세계 육지의 경계라고 상상하잖아. 다른 세상, 다른 육지로 가기 위해서는 물을 통과해야 하니까. 그러니까 그 상상을 연결해 경계인인 광인은 자신이 속하지 않은 두 세계의 경계 위를 떠다녀야 한다는 거지. 이런 면에서 의례적인 의미가 더 강하다고 할 수 있지. 덕분에 세상의 경계 위를 끊임없이 떠돌아야 하는 광인은 이동과 통과의 장소에 유치된다고 할 수 있는 거지."

마에는 다소 감상적인 목소리로 말했어. 남자는 예전에 읽었던 문장이 떠올라 조용히 중얼거렸지.

"광인은 가장 자유롭고 가장 개방적인 길 한가운데에 갇힌, 즉 끊임없이 이어지는 교차로에 단단히 묶인 포로다. 광인은 전형적 여행자, 다시 말해서 이동 공간의 포로……."

"이동 공간의 포로라……. 아주 적절한 말이군."

마에는 그 말이 꽤 맘에 드는 듯 보였어.

"그런데 왜 하필 배를 태워 쫓아내는 걸까요?"

남자가 다시 물었어.

"다른 방법으로 쫓아내기도 했지. 하지만 배는 좀 특별하지."

"어떤 면에서요?"

"광인을 선원에게 넘긴다는 것은 그들이 더 이상 도시의 성벽 아래서 배회하지 못하도록 하는 확실한 방법이지. 보다시피 광인이 그 도시에서 떠났다는 것을 눈으로 확인할 수 있잖나. 항해는 광인을 멀리 데려갈 뿐만 아니라 순화하는 의미도 갖지. 물은 정화(淨化)의 의미도 있으니까. 동시에 엄청난 운명의 불확실성에 내맡겨진다고 봐야 해. 광인의 목적지는 이곳이 아닌 다른 곳, 다른 세계잖아. 광인은 빠져나갈 수 없는 배에 갇혀 여러 갈래의 지류가 있는 강, 수로, 바다를 가로질러 다니게 되고, 그러다 보면 다른 세계에 도착할 수도 있지만 영영 도착하지 못할 수도 있으니까. 배에 올라 육지를 떠나는 순간이 다시는 육지에 발을 딛지 못하는 종말의 시작일 수도 있지. 항해가 시작되는 순간부터 배가 난파될 수도 길을 잃을 수도 있으니까."

남자는 종말이란 말을 듣자 심란해졌어.

"그런데 대체 이 배는 어디로 가는 건가요?"

"그걸 누가 알겠나. 여기에 실린 광인은 이 배가 어디서 왔는지 어디로 가는지 잘 모르지. 광인은 이렇게 배에 실려 떠돌다가 선원이 아무 데나 하선을 시키면 그 도착한 도시에서 또 떠돌지. 그러다가 다시 배에 실리고 다시 떠돌고 그러는 걸세. 한 가지 확실한 것은 다른 세계로 가고 있다는 사실이야. 하선하는 곳에 사는 사람들에게 이 광인들은 다른 세계에서 온 사람이지 않겠나. 그래서 사람들은 막 도착하는 광인이 어느 세계에서 왔는지 모르듯이 앞으로 광인이 닿을 세계도 알 수 없지."

"참 답답하네요."

남자는 한숨을 쉬며 대답했어.

"너무 답답해하지 말게. 우린 적어도 갇히진 않았잖은가. 걸어서 도시와 도시 사이를 떠돌든, 말을 타고 방랑을 하든, 모르는 곳에서 와서 모르는 곳으로 가든, 또 이렇게 우리처럼 배를 타고 물 위를 순례하든, 어쨌든 움직이고 이동하고 있잖나. 사람들이 부르는 노래에서 보듯이 이 시대의 광인은 사람들에게 조롱과 경멸의 대상이긴 하지만, 그래도 사회적 지평에서 완전히 쫓겨나거나 배제되지도 않았고 감금된 것도 아닐세. 광인을 이쪽에서 발견하면 저쪽으로 이동시키거나 쫓아낼 뿐이니까. 덕분에 사람들은 광인을 수용소에서, 배에서, 도시의 성문과 항구 등에서 발견할 수 있지. 광인은 사회 어디서나 나타났다가는 사라지고, 또 다시 나타났다 사라지곤 하는 거야."

말을 끝낸 마에는 한숨을 쉬며 바다 저편으로 눈길을 돌렸어. 수평선 위로 어느새 해가 지고 있었지. 지는 해에 눈길을 멈춘 채 마에는 한마디 덧붙였지.

"그래도 예전에 비하면 정말 말도 안 되는 대접이긴 해."

"어떻게요? 예전엔 어땠는데요?"

시대마다 광인을 다르게 대했다고 생각하는 남자에겐 정말 흥미로운 이야기였지. 마에는 다시 남자를 향해 얼굴을 돌리고는 대답했어.

"내가 젊었던 시절만 해도 광인은 신비한 존재였어. 예지 능력을 가진 존재, 신과 인간 사이 어딘가에 놓인 존재였지. 광인은 깨지지 않은 완전한 공처럼 지혜를 원형 그대로 지니고 있다고 봤거든. 광기 역시 종말론적 초월성의 우주적 계시로 지각했거나 이성을 넘어선 영역이라 생각했지. 한마디로 광인은 초월적인 존재였던 거야."

"그때가 언젠데요?"

남자는 물었어.

"가만 보자, 한 200년 전까지만 해도 그랬던 것 같네."

"에이, 20년 전이겠죠. 젊었던 시절이라면서요?"

남자는 웃으며 말했어. 갑자기 마에는 남자를 뚫어져라 쳐다보고는 물었어.

"날 정말 모르겠나?"

"?"

"난 자네가 이곳에 오기 전부터 날 알고 있다고 생각했는데."

"……!"

마에는 남자의 어깨를 툭 치고는 일어나 뱃전으로 걸어갔지. 뒤돌아보지 않고 특유의 쉰 목소리로 이런 이야기를 하면서 말이야.

"하지만 아직은 괜찮아. 요즘에도 광인을 신적인 영감을 지닌 존재로 추앙하는 사람들이 있긴 하니까. 한편으론 기피하고 멸시하긴 하지만, 그래도 또 한편으론 초자연적인 존재로 대접하기도 하지. 좀 드물긴 하지만 말이야."

남자는 마에의 뒷모습을 보며 멍한 표정을 지을 수밖에 없었어.

'누구지, 저 노인은? 정체가 뭐지?'

어느새 해는 지고, 사방으로 어둠이 깔리기 시작했어. 망망한 바다 위에도, 신이 준 지혜를 이성이라 믿는 사람들 사이에도, 그리고 그 지혜를 갖지 못한 사람들을 실어 나르는 이 광인들의 배에도. 아무도 언제 끝날지 모르는 이 항해의 첫날 밤은 그렇게 깊어 가고 있었어.

그렇게 며칠이 갔는지 몰라. 낮부터 조금씩 불던 바람이 초저녁이 되자 돌풍으로 변했지. 배는 뒤집어질 듯 흔들렸어. 배에 탄 사람들은 크게 동요하기 시작했어. 선원들은 위급 상황에 대처하느라 정신없이 뛰어다녔고, 그 와중에 광인들은 저마다 자기 방식으로 대책을 찾기 시작했지. 장님은 방울을 흔들며 주문을 외었고, 어떤 사람은 배에 자신의 몸을 묶기도 했어. 그러거나 말거나 여전히 눈이 풀린 채 멍한 사람도 있었고, 몇몇 사람은 모여 앉아 무릎을 꿇고 기도를 하기도 했고, 바닥에 엎드려 뭔가를 막 계산하는 사람도 있었어. 하지만 대부분은 구석에 모여 그저 오들오들 떨고만 있었지.

남자는 빈 듯이 보이는 작은 술통을 부둥켜안고 있었어. 여차하면 구명대라도 삼아 볼까 해서. 그러곤 어떻게 여길 빠져나가 현실로 돌아갈 수 있는지 궁리했지. 하지만 '두 개의 눈 사이에 늙은 남자의 뇌를 쪼개 날려라!'라는 암호 같기도 하고 주문 같기도 한 이 말뜻을 누군들 알겠냐 말이지. 그때였어. 누군가 뱃머리 쪽 난간 위에 올라서더니 방울을 든 채 하늘을 향해 두 팔을 벌리는 거야. 자세히 보니 그 미치광이 점성술사였어.

"저 미치광이 점성술사가 별의 움직임을 읽겠다는구먼."

저편에서 마에가 휘청휘청 다가오고 있었어.

"읽어서 뭐한대요?"

큰 소리로 남자가 물었지,

"글쎄, 이 배의 운명이 어떻게 될지 말해 주겠지. 어이쿠!"

마에는 남자 옆에 있는 난간을 잡으려다 쿵 엉덩방아를 찧었어. 그 우스꽝스런 모습을 보고도 남자는 웃음이 나오지 않았지. 배가 워낙에 거세게 흔들려 금방이라도 부서질 것 같았거든. 이대로 죽을지도 모른다는 생각이 들자 두려워졌지. 미치광이든 뭐든 저 점성술사에게라도 앞으로 어찌하면 되는지 물어보고 싶어졌어. 별의 운행에서 뭘 읽었는지, 오늘 밤 우리 모두 무사할 수 있는지 말이야.

사람들이 하나둘 점성술사 근처로 모여들었어. 그중에는 뱃사람도 몇 명 끼여 있었지. 남자는 다급한 마음에 하늘을 올려다봤어. 별은 보이지 않고, 아직 지지 않은 해와 이제 막 뜨기 시작한 달만이 양 끝에서 보였지.

"그나저나 별이 잘 안 보이는데요?"

"눈에 안 보인다고 볼 수 없으면 미치광이가 아니지. 어때, 가까이 가 보지 않겠나?"

알 듯 말 듯한 소리를 하며 마에가 일어났어. 남자 역시 따라 일어났지. 가까스로 자리를 옮기는데, 점성술사가 몸을 획 돌렸어.

"신의 얼굴이 빛을 잃어 가도다."

남자는 옆에서 고개를 끄덕이는 마에를 향해 물었지.

"얼굴이라니요?"

"저 하늘 말일세. 저 하늘을 보게."

"그러니까 하늘이 얼굴이면 눈은……."

남자는 갑자기 중요한 뭔가가 떠오를 듯했어.

"암흑의 구슬이 두 개의 눈을 가리는구나. 하늘이 노했다!"

점성술사는 여전히 알 수 없는 말을 중얼거리더니 갑자기 감았던 눈을 번쩍 뜨고는 남자를 노려보았어.

"어둠을 몰고 먼 곳에서 온 저 악마를 제물로 바쳐라!"

점성술사가 손가락을 뻗어 남자를 지목하자, 사람들은 일제히 남자를 쳐다보기 시작했지.

'뭐야, 악마? 그게 나야?'

당황한 남자는 어쩔 줄 몰랐어.

"바다에 던져 버려!"

점성술사는 남자를 향해 방울을 던지며 소리쳤어. 점성술사의 방울이 요란한 소리와 함께 남자 앞에 떨어졌어. 점성술사가 다시 한 번 던져 버리라고 소리치자, 사람들은 동요하기 시작했어. 마에를 비롯한 몇몇은 미친 점성술사의 말을 믿지 말라고 소릴 지르기도 했지만 소용없었어.

"던져 버려. 던져 버려."

사람들은 이렇게 외치며 남자에게 다가오기 시작했지. 남자는 두려웠어.

'여길 빠져나가야 해. 두 개의 눈, 쪼개진 뇌…… 두 개의…….'

그때였어. 남자의 눈에 점성술사의 방울이 눈에 띄었어. 그 방울 끝에 호두가 주렁주렁 달렸고, 그중 몇 개는 깨져 있었지.

'하늘은 얼굴, 태양과 달은 눈. 그럼 뇌는? 아!'

남자의 머릿속에 번쩍하고 떠오르는 것이 있었어. 남자는 방울을 손에 쥐고 전력을 다해 뱃머리로 갔어. 아직 하늘에는 해와 달이 다 떠 있었어.

"서둘러! 어서!"

뒤에서 마에가 소리쳤어. 남자는 한쪽 팔을 번쩍 들어 배 난간에 방울을 힘껏 내려쳤어. 방울에 달려 있던 호두가 깨지고 인간의 뇌하고 비슷하게 생긴 호두 알이 반으로 쪼개지면서 튕겨 나갔어. 하늘의 눈인 해와 달 사이로 늙은 점성술사의 뇌를 닮은 호두 알이 쪼개져 날아갔지. 지직~ 하는 소리와 함께 갑자기 모든 것이 흐릿하게 겹쳐 보이기 시작했어. 동시에 쑤욱 무언가에 몸이 빨려 들어가는 느낌이 들었지. 드디어 열린 거야, 시공간의 틈이. 어디선가 "잘 가게!" 하고 외치는 마에 목소리가 들리는 듯도 했지. 그렇게 남자는 아래로 한없이 떨어졌어.

그때 남자가 아니 형이 돌아올 때 기분은 어땠는지, 현실로 돌아왔을 때 도착한 곳은 어디였는지, 그 후로 어떻게 했는지, 지금도 나는 모른다. 형의 긴 이야기는 흥미롭긴 했으나, 몰려드는 졸음의 힘이 훨씬 셌기 때문이다. 남자가 아니 형이 아래로 아래로 떨어지고 있을 때 내 무거워진 눈꺼풀 역시 아래로 아래로 떨어지고 있었다. 그래도 어쨌든 형은 무사히 돌아왔다. 내 옆에서 그렇게 긴 이야기를 들려준 것을 보면 말이다. 물론 그리고 며칠 후 다시 사라져 더 이상 나타나지 않았지만 말이다.

난 어느새 깊고 깊은 꿈나라로 빠져들었다. 새삼스레 형과 나 둘만이 아는 비밀을 찾아낸 것처럼 뿌듯해하며 말이다. 그게 사실이든 지어낸 이야기든 상관없이 말이다.

[18] 《광인들의 배》(Das Narrenschiff)는 독일의 인문주의자 제바스티안 브란트(Sebastian Brant, 1458~1521)가 1494년에 펴낸 책으로 목판으로 된 그림을 곁들인 일종의 풍자 산문시다. 원제를 번역하면 '바보배'이나 그동안 주로 '광인들의 배'로 번역돼 왔다. 푸코는 '바보'를 '광인'의 측면에서 이해하고 '광기'의 역사를 이해하는 데 유용한 사례로 삼았다. 이런 번역 상의 혼란은 바보를 뜻하는 말에 광인의 의미가 포함돼 있는 데서 비롯한 것으로 보인다. 브란트가 독일어로 쓴 것을 제자인 야콥로허가 당시 학자들의 국제어였던 라틴 어로 번역하면서 유럽으로 퍼졌다. 이후 각국의 언어로 다시 번역되어 종교 개혁과 르네상스 운동의 도화선이 되기도 했다. 당시 상용화되기 시작한 구텐베르크의 활판 인쇄술도 이 책이 베스트셀러가 되는 데 한몫했다. 출간된 해에 만도 3쇄를 찍었고, 1521년 저자가 사망할 때는 이미 17쇄까지 나왔다고 한다. 목판화의 상당수는 당시 독일의 대표적 판화가 알브레히트 뒤러의 작품인 것으로 추정되는데, 이 목판화는 글을 모르는 사람도 내용을 이해할 수 있도록 한 장치이자, 글을 읽는 사람이 자기 자신이 바보가 아닌지 스스로 비춰 보도록 마련한 일종의 '거울'이었다.

[19] 신화(神化, divinization)라고 지칭함.

[20] 신비주의(神秘主義, mysticism)는 신이나 절대자 등 궁극적 실재와의 직접적이고 내면적인 일치의 체험을 중시하는 철학 또는 종교 사상이다.

[21] 에크하르트(Meister Eckhart, ?1260~?1327)는 도미니크파의 신학자이며 중세 독일의 신비주의 사상가이다. 그의 사상에는 토마스 아퀴나스의 영향이 두드러졌으며, 가장 큰 특징은 신비적 체험을 설교하는 데 있다. 튀링겐 지방 호호하임에서 독일 기사(騎士)의 아들로 태어났다. 청년 시절에 도미니크 수도원에 들어갔고, 파리대학에서 수학한 다음, 1302년 수사(修士) 학위를 받았다. 그를 마이스터 에크하르트라고 부르는 것은 여기에서 유래한 존칭이다. 1304년 도미니크파의 작센 관구장(管區長), 1307년 보헤미아의 주교 총대리가 되었다. 그 후 한때 파리대학에서 강의했으나, 1313년경 귀국하여 슈트라스부르크와 프랑크푸르트 등지에서 생활하다가 쾰른에 정착, 그 시대의 가장 저명한 설교자 중 한 사람으로 각광을 받았다. 만년에는 쾰른의 대주교 밑에 있으면서 이단적 설교를 했다는 이유로 재판에 회부되어 유죄 선고를 받고, 교황에게 상소하였으나 결말을 보지 못한 채 죽었다. 1329년 요하네스 22세가 그의 '26가지 명제(命題)'를 이단 내지 위험한 사상이라고 단죄한 까닭에 그의 저작물 배포의 길이 막혀 오늘날 남아 있는 것은 일부에 지나지 않는다.

[22] 《광인들의 배》 중 일부

# 7

# 갇힌 사람들

가만히 어깨를 흔드는 손길을 느끼며 눈을 떴다. 한기 때문에 한껏 웅크리고 잤던지 온몸이 뻐근했다. 아침도 굶은 채 나는 동구를 따라 종일 미로 같은 길을 걷고 또 걸었다. 대체 이곳은 얼마나 넓은지, 지하의 지하니까 얼마나 깊은지 가늠이 되지 않았다. 그런 내 맘을 눈치챘는지 동구는 이곳에 대해 간단히 설명했다.

"안전지대를 뺀 나머지는 그냥 자연스럽게 생긴 동굴이야. 동굴 끝이 어디인지는 모르지만 생각만큼 크지는 않은 것 같아."

"종일 걸어도 끝이 안 보이는데?"

나도 모르게 퉁퉁거리는 목소리가 됐다.

"그건 언더그라운드 사람들에게 들킬까 싶어 아지트까지 빙빙 돌아가게 해 놓아서 그래. 직선거리로 따지면 그렇게 멀지 않을 거야."

"그런데 맞는 방향으로 가고 있긴 한 거야?"

"물론이지. 이 미로를 빠져나가려면 우리끼리만 아는 비밀 표식을 잘 읽을 줄 알아야 해. 빙빙 돌게 되어 있지만 결국 목적지에 도착하지."

탈출을 위해 꽤나 치밀하게 준비한 듯했다.

얼마를 걸었을까. 배도 고프고 다리도 풀릴 때쯤 우리는 저장고에 도착했다. 동굴 한구석을 파내자 음식 상자가 나왔다. 동구는 그 속에서 말린 고기, 물, 치즈 등을 꺼내며 말했다.

"비상식량이야."

불을 피울 수 없어서 우린 말린 고기를 그냥 씹어 먹어야 했다. 처음에는 좀 낯설었지만 이내 적응해 맛있게 먹었다. 내친김에 좀 쉬기로 했다. 딱히 할 일도 없어 멀뚱멀뚱 앉아 있는데 동구가 주머니에서 책 한 권을 꺼냈다.

"심심하면 읽어 봐."

앗, 글도 모르는 내게 책이라니! 아직은 들키고 싶지 않았다. 짐짓 아무렇지 않은 듯 물었다.

"뭔데?"

"푸코의 경험담이라고나 할까. 사실 들은 이야기를 누군가 받아 적은 일종의 소설 같은 거야."

"뭐에 관한 건데?"

은근슬쩍 넘어가고 싶었다.

"응, 광인들에 관한 이야기야. 언더그라운드는 커다란 정신병원이나 마찬가지잖아. 대부분이 비정상으로 왔다가 미친 사람이 돼 죽는 곳이니까. 뭐 억울할 때도 있지만, 어차피 지상에서 우린 정상도 아니고 개중에는 진짜 미친 사람도 있으니 이런 대접을 받을 수도 있다고 생각했어. 그런데 이 책을 통해 그렇지 않다는 것을 알게 됐어. 자포자기 상태로 지내고 있었는데, 이 책 덕분에 아주 중요한 것을 깨달아 탈출을 결심하게 되었지. 광인은 예나 지금이나 똑같은 광인인데, 세상이 지들 필요에 따라 다르게 대한다는 거지. 그러니까 우린 비정상 또는 광인이란 이유로 평생 이런 곳에 갇혀 죽어라 노동만 할 이유가 없다는 거야. 이 책은 광인이 심하게 천대를 받기 시작한 그 시절에 대한 이야기야. 떠돌던 광인을 갑자기 가두기 시작한 시절에 대한 이야기지."

나는 몸을 벌떡 일으켰다. 어디서 많이 듣던 이야기다.

"혹시 고전주의 시대에?"

"응. 너 뭘 좀 아는가 보구나."

동구도 반가운지 따라 일어났다. 가슴이 두방망이질 치기 시작했다. 푸코라는 사람, 형인지도 모른다. 아니 형이다. 당장이라도 그 책을 읽고 싶었다. 하지만……. 에이, 이제 할 수 없다.

"저기 부탁이 있는데……. 괜찮으면 네가 좀 읽어 줄래?"

동구는 빤히 쳐다보더니 사정을 알겠다는 듯 고개를 끄덕였다.

"그래서 언더그라운드로 왔구나? 어쩐지 낙서 때문에 여기 왔다는 게 이상하다 했지. 진작 말하지. 별것 아닌 거 가지고, 하하하."

동구가 하하하 웃으니까 글 모르는 일이 정말로 별것 아닌 듯 느껴졌다. 벽에 등을 기댄 채 동구가 천천히 책을 읽기 시작했다.

푸코는 무언가 축축하게 등을 적셔 오는 느낌에 눈을 떴다. 정신을 제대로 차리기도 전에 독한 곰팡내가 훅 끼쳤다. 쓰레기를 모아 놓은 구석 맨바닥에 등을 대고 누운 자신을 발견할 수 있었다. 바로 밑엔 하수구가 있었다. 고장 났는지 더러운 물이 그곳에서 새어 나와 푸코의 등 쪽으로 스며들었다. 푸코는 얼굴을 찌푸리며 몸을 일으켰다.

"안녕!"

또다시 귀가 윙 하는 느낌이 들고 남자의 목소리가 울렸다. 돌아보니 침상에서 삐죽이 고개를 내민 소년이 빤히 내려다보고 있었다. 열일곱이나 됐을까? 아직 어리고 해맑은 얼굴이다.

"새로 들어왔구나? 무지 이상하게 생겼네, 하하하."

소년은 따라 일어나며 건방지게 떠들었다. 어려 보이는 얼굴에 비해 꽤나 쉰 목소리, 그리고 그 목소리 비해 꽤나 방정맞은 웃음이었다.

"눈동자도 까맣고, 코도 납작하니 둥그렇고, 피부색도 참 희한하네. 옷도 웃기고. 대체 어디서 왔을까?"

소년은 바싹 얼굴을 들이밀었다. 반사적으로 얼굴을 피하며 푸코는 일어섰다.

"아, 뭐든지 아는 내가 이 세상에서 모르는 게 다 있다니……. 그러고 보니 아하, 저 멀리 동쪽에서 왔구나. 이 땅의 동쪽 끝으로 가면 까만 눈동자를 가진 종족이 모여 산다는 이야길 어디선가 듣긴 한 것 같은데……. 하하하."

정말 수다스러운 소년이었다.

"그런데 그렇게 먼 곳에서 왔을 리는 없잖아. 너같이 이상하게 생긴 사람에 대해서는 금방 소문이 났을 텐데……. 아, 내가 모르는 게 있다니. 믿을 수가 없어."

소년은 혼자 하하 웃다가 마구 괴로워하다가를 반복했다. 소년이 떠드는 소리에 잠을 자던 몇몇이 몸을 뒤척이는 소리가 들렸다. 푸코는 소년에게 "쉿!" 주의를 주고는 주변을 살폈다. 아직 아침이 오지 않아서인지 빛이 들지 않아서인지 건물 안은 어두컴컴했다. 눈을 껌뻑이며 둘러보니 돌로 지은 커다란 건물의 방인 듯했다. 좁은 복도를 사이에 두고 벽 양쪽에 길게 침상이 늘어서 있었다. 그 위로는 사람들이 다닥다닥 붙어서 자고 있었다. 아마도 여러 사람이 함께 쓰는 공동 침실인 듯 보였다. 그제야 정신이 말끔해진 푸코의 얼굴에 미소가 떠올랐다. 예감이 좋았다. 심호흡을 한 번 한 후 푸코는 나지막이 물었다.

"여기가 어디지?"

"어디긴, 구빈원이지."[23]

'예스! 해냈어!'

푸코는 속으로 쾌재를 불렀다.

"여기가 시랍에 있는 구빈원 맞아?"

소년은 방정맞게 머리를 아래위로 흔들어 댔다. 진짜 해냈다. 시랍에 다시 오기 위해 그동안 매진했던 푸코의 연구가 딱 통했다. 다시 한 번 시랍의 과거를 여행하게 된 것이다. 푸코의 가슴은 기대로

_ 1787년 영국 잉글랜드 에식스 지역 로치퍼드 타운의 구빈원 모습

한껏 부풀어 올랐다. 동시에 머릿속에서 지금 이 상황에 대한 정보가 떠오르기 시작했다. 18세기의 시랍인데, 정확히 언제인지는 알 수가 없었다.

"혹시 프랑스라는 나라에서 혁명은 일어났어?"

푸코는 1789년에 일어난 프랑스 혁명 전인지라도 알고 싶었다.

"혁명? 아직! 하지만 곧 일어나겠지."

소년은 마치 미래에서 온 예언자처럼 대답했다. 소년은 어느새 꿈꾸듯 18세기에 대한 설명을 무대 위의 연극배우처럼 읊고 있었다.

"지금은 바야흐로 절대 왕정이라 일컬어지는 강력한 왕권 시대. 더불어 프로테스탄티즘이 성행하고 부르주아 계급이 성장하는 시기라오. 절대 왕정은 상비군과 중앙 집권적인 관료 체제를 형성하고 있소. 이른바 그들의 지역을 국가 영역으로 만들고 현대적인 국가를 준비하는 중이라오. 그들의 보호 하에 부르주아 시민 층이 강화되는 중이기도 하오. 물론 시간이 지나면서 이 시민 층의 자의식은 강해진 반면, 군주들은 권력을 악용하고 시민의 자유와 권리를 억압하는 등 이 제도의 결함이 두드러질 것이오."

"그것이 프랑스 혁명으로 이어질 거라는 거지?"

"뭐? 하하하!"

헉헉 숨을 몰아쉬던 소년은 뭔 소리 하느냐는 표정으로 쳐다보더니 하하하 방정맞게 웃었다. 이 녀석은 정말이지 말도 많고 아는 것도 많았다. 하지만 표정으로 봐서는 자신이 한 말을 다 이해하고 있는 것 같지는 않았다.

아무튼 푸코는 상관없었다. 예상컨대 지금은 프랑스 혁명 전이다. 국가를 창설하는 것이 신의 의지나 절대 군주의 의지가 아니라 주권을 가진 시민의 의지라는 사상이 확대됨에 따라 절대 왕정에 대한 비판이 일어날 것이다. 특히 프랑스에서는 프랑스 대혁명이 일어나면서 이러한 절대 왕정이 붕괴될 것이다. 하지만 아직은 그 기운만이 움트고 있는 것이 분명하다. 그러니 아마도 1750년에서 1760년 사이쯤일 것이다. 그렇다면 제대로다. 18세기 중반의 시랍! 딴 생각에 빠져 있는 푸코의 코앞으로 소년의 얼굴이 쑥 올라왔다.

"그런데 넌 언제 들어왔어? 여긴 진짜 이상한 사람들이 무지무지 많지만 너같이 이상하게 생긴 사람은 한 번도 못 봤는걸."

소년은 푸코의 얼굴을 살피며 속사포처럼 물었다.

"아마도 간밤에?"

푸코는 얼버무렸다.

"그랬군. 이상하네. 어제 누가 잡혀 오는 소릴 못 들었는데. 난 원래 잠도 없고 어지간해선 깊이 잠들지 않거든. 조금 전에도 무언가 툭 떨어지는 소리가 나서 쳐다보니까 네가 바닥에 누워 있는 거야. 언제 왔어? 어디서 살았어? 어떻게 붙잡혀 왔는데?"

"그게……. 그러니까……."

푸코는 둘러댈 말이 떠오르지 않아 머뭇댔다. 그런 푸코를 소년은 의심에 찬 눈초리로 빤히 쳐다봤다. 푸코는 사실을 털어놓아야 하나 어쩌나 갈등하며 눈치를 보다가 녀석과 시선이 마주쳤다. 소년은 방긋 웃었다. 좀 전까지 보였던 의심의 눈초리는 온데간데없었다. 의심은커녕 해맑은 얼굴로 손을 내밀어 악수까지 청했다.

"난 미셸이라고 해."

"난 푸코."

단순하면서 붙임성이 좋은 녀석이라 생각하며 푸코는 미셸과 인사를 나누었다.

"그런데 구빈원이 뭐 하는 곳이니?"

물론 푸코는 무엇을 하는 곳인지 알았지만 직접 확인하고 싶어 물었다.

"아! 좋은 질문, 좋은 질문! 내가 자세히 설명해 주지. 사실 난 뭐든지 다 알거든. 구빈원이란 말이지……. 음!"

미셸의 목소리가 점점 커졌다. 푸코는 행여 다른 사람이 깰까 싶어 목소리를 낮추라고 손을 흔들었다. 미셸은 주위를 둘러보고 나서 목소리를 한껏 낮추고는 차근차근 설명을 시작했다.

"애당초 구빈원이라는 이름은 기독교 자선 시설에 붙여진 이름이었어. 교회에서 헐벗고 소외된 이들을 위해 구빈원이라는 것을 운영했거든. 그러나 요즘에는 바로 우리가 있는 이곳을 구빈원이라고 부르지. 겉으로는 극빈자를 위한 수용 시설이지만, 사실은 온갖 부류의 사람들이 수용돼 있는 바로 이곳 말이야."

푸코가 고개를 끄덕이는 사이 미셸은 흠흠 목소리를 가다듬었다.

"그거 알아? 여기가 원래는 나병 환자 수용소였어. 중세 십자군 전쟁 때 나병이 쫘악 돌았잖아. 그때 유럽 전역에 나병 환자 수용소를 왕창 지었거든. 근데 13세기에서 15세기를 거치면서 이 나병이 거의 없어진 거야. 나병 환자 수용소도 자연스럽게 텅텅 비었지."

"아무도 없는 쓸모없는 시설이 돼 버린 거네?"

푸코가 맞장구를 쳤다.

"그렇지! 근데 더 이상 쓸모없게 된 방대한 나병 환자 수용소가 누구의 것이냐! 바로 국왕의 재산인 거지. 대책이 필요했지. 더군다나 절대 왕권을 가진 국왕의 입장에서는 막대한 재산인 수용소를 그냥 노는 시설로 내버려 둘 순 없지 않겠어? 그래서 일단 관련한 재산 목록을 작성하여 어느 정도 실태를 파악하고는 수용소를 재편했지. 그 재편의 핵심은 바로 그곳을 새로운 사람들로 채우는 것이었지. 더 이상 나병 환자는 없으니 그들을 대신해서 수용할 사람이 필요했던 거야. 그래서 경범죄자들을 시작으로 아주 이질적인 사람들을 수용하기 시작한 거야. 그게 누구냐, 바로 우리 같은 사람들이지, 뭐."

말을 마친 미셸은 조금 의기소침해졌다.

"14세기에서 17세기까지 텅 비어 있던 수용소에는 새로운 악의 화신, 또 다른 괴기스런 공포, 정화와 축출의 주술이 마치 야릇한 요술처럼 되살아났다……[24]"

푸코는 쓸쓸히 중얼거렸다. 푸코의 말을 알아들었는지 못 알아들었는지 미셸은 말똥말똥한 눈으로 천장을 쳐다보다가 갑자기 생각난 듯 말을 이었다.

"특히 프랑스의 경우에는 1656년에 루이 14세가 공표한 구빈원 설치에 관한 칙령이 연대기적 전환점이 되었다고 할 수 있어. 이듬해인 1657년에 파리에 구빈원을 설치하기 시작했고, 다시 10년 뒤에는 또 다른 칙령에 의해 전국적으로 설치했지. 하지만 사실 이런 구빈원은 칙령을 내리기 전에 이미 운영되고 있었어. 칙령은 그저 구빈원에 대한 성격 규정이라고 해야 옳을 테고."

"여기에는 미친 사람, 그러니까 광인만 가둬 놓은 거 아니야?"

17세기 구빈원이 광인의 수용 공간이라 들었던 푸코가 물었다.

"물론 아니지. 광인도 있지만 다른 사람도 많아. 성별, 거주지, 나이, 사회적 신분과 출신을 막론하지. 어떤 일을 하건, 몸이 성하건 불구이건, 환자이건 회복기에 있건, 치유되건 치유되지 않건 상관없이 극빈자로 분류되는 부랑자, 걸인, 실업자, 경범죄자 등이 모두 포함되어 있지! 파리 인구의 1퍼센트가 넘는 육 천여 명이 강제로 수용되었을 정도라고 해. 1퍼센트면 파리 시민 백 명 중 한 명이란 얘기야. 엄청나지?"

미셸은 빠르게 대답했다. 푸코는 예상과 다른 대답에 무척 놀랐다. 구빈원에는 주로 광인만 가두었을 것이라 생각했었다.

"가히 무차별적이군."

"하하하. 뿐만 아니야. 더 놀랄 만한 사람도 많을걸. 있다가 내가 다 가르쳐 줄게. 작업 시간에 나가면 볼 수 있으니까."

갑자기 푸코는 이 미셸이라는 소년이 궁금해졌다.

"그런데 너는 여기 왜 왔어?"

그러자 미셸의 얼굴에서 웃음기가 싹 가셨다. 미셸은 눈에 힘을 가득 준 채 푸코를 빤히 쳐다봤다. 순간, 어디선가 많이 본 눈빛이라는 생각이 들었다. 미셸은 갑자기 푸코의 귀에 대고 속삭였다.

"너랑 같은 이유로 왔지."

"뭐?"

푸코는 깜짝 놀랐다.

"날 알아?"

아무래도 이 소년이 푸코를 아는 듯해 물었다. 그러자 미셸은 푸코와 똑같은 말투로 되물었다.

"날 몰라?"

푸코는 당황스러웠다. 아무래도 이상했다. 무언가를 더 물어야 했다. 이미 미셸은 몸을 돌린 채 보따리를 뒤지고 있었다. 푸코는 미셸의 어깨를 잡으려고 했다. 하지만 눈앞에 있는 미셸은 잡히지 않았고 헛손질만 할 뿐이었다. 그사이에 미셸은 자신의 보따리에서 모자가 달린 갈색 망토 같은 것을 꺼내 푸코에게 내밀며 빠르고 단호하게 명령했다.

"얼른 입어. 사람들 눈에 띄지 않게. 그대로 있다간 네 정체를 들키고 말거야."

"대체 넌 누구야?"

푸코는 신경질적으로 물었다. 그때였다.

땡. 땡. 땡. 땡.

귀를 찢을 듯 날카로운 종소리가 울렸다.

"아~ 듣기 싫은 기상 종소리! 어느새 새벽 5시야."

미셸은 귀를 막으며 큰 소리로 투덜댔다. 좀 전까지의 진지한 표정은 사라지고 어느새 천진난만한 얼굴로 돌아와 있었다. 기상 종소리에 아무렇게나 누워 자던 사람들이 하나둘 몸을 일으켰다. 건물 안은 곧 사람들이 내는 얕은 신음 소리와 투덜대는 소리로 가득했다. 푸코는 얼른 망토를 걸쳤다.

"자, 5시다! 신체장애자와 다섯 살 미만의 어린이를 제외한 모든 빈민은 당장 일어난다! 다시 한 번 오전 일정을 알려 주겠다. 5시 15분 공동 침실에서 기도를 행한다. 5시 30분에서 6시까지 침대를 정리하고 머리를 빗으며 주변을 청결하게 정리한다."

관리인인 듯 보이는 남자가 사람들 사이를 돌아다니며 큰 소리로 일정표를 읽어 댔다.

"아유, 듣기 싫어. 매일 똑같은 걸 저렇게 읊어 대나 몰라. 아, 싫어, 싫어!"

미셸은 경망스럽게 투덜대며 푸코를 향해 찡끗했다.

작업 시간이 되자 구빈원에 수용된 대부분의 사람들은 마당으로 나와서 그날 각자 해야 할 일을 배당받았다. 그리고 다시 관리인의 훈계를 들어야 했다.

"너희는 모두 극빈자다. 너희가 극빈자가 된 것은 영적으로 비참하기 때문이다. 영적으로 비참한 사람은 국가의 쓰레기다. 그러므로 국가의 관리 하에 너희는 거듭나야 하고 이 땅의 가난은 제거되어야 한다. 오늘도 각자 맡은 일을 열심히 해 가난에서 벗어날 수 있도록 한다!"

작업장에 모여 있던 사람들은 관리인의 연설이 끝나자마자 빠르게 제자리로 흩어졌다. 푸코와 미셸은 채를 들고 흙을 고르는 일을 맡았다. 처음 하는 일이었지만 푸코는 꽤 해 본 사람처럼 능숙하게 일했다. 이상했지만 별로 이상하게 느껴지지는 않았다. 푸코는 이곳에 모인 사람들 모두 일단은 극빈자로 분류된다는 것을 처음 알았다. 하지만 미셸의 이야기는 좀 달랐다.

"모두 다 극빈자라고 할 수는 없어. 물론 비렁뱅이도 있고 미친 사람도 있지만, 가난하지 않은 사람도 있어."

분류만 그럴 뿐 수용된 사람들은 각양각색이라는 것이다. 작업 중에도 미셸은 끊임없이 종알댔다. 눈에 띄는 사람마다 어떤 사람인지 왜 이곳에 왔는지 푸코에게 일일이 설명하느라 바빴다.

"저 사람은 추악한 소설의 지지야. 그 옆에 있는 이는 방탕한 사람이구. 저쪽에 저 배 나온 남자는 낭비벽이 심한 아버지야. 그 뒤에 있는 어린 녀석은 완전 방탕아고, 왼쪽에 곡괭이질 하는 저놈은 뻑하면 자살하려고 애쓰지. 구석에 저 노인은 연금술사고, 그 옆은 자유사상가고. 진짜 별의별 사람들이 다 모였지? 하하하."

식사 시간에도 미셸의 입은 쉬지 않았다. 저 사람은 성병 환자, 또 저 사람은 간질 환자, 그리고 무뚝뚝한 인상의 저 사람은 아주 난폭하고 어떤 종교도 갖고 있지 않은 신성 모독자라는 등 말이다. 그러더니 이번엔 여자 쪽을 가리키면서 저 여자는 노처녀, 저 여자는 기력이 없는 여자라서 이곳엘 들어왔다고 했다. 그러더니 그 옆의 멀쩡해 보이는 여자 하나를 가리키며 말했다.

"그리고 저 여자는 그냥 보통 여잔데 여길 왔어. 하하하!"

뭐가 그리 웃긴지 미셸은 배까지 잡고 웃어 댔다.

"도대체 이렇게 이질적인 존재들이 어떻게 하나의 공간에 감금될 수 있는지 너무 의아해."

푸코는 느낀 대로 이야기했다.

"그렇지? 그런데 저 사람은 왜 왔는지 알아?"

미셸은 혼자 떠들기 지쳤는지 뒤쪽을 가리키며 질문까지 했다. 푸코는 미셸이 가리키는 사람을 흘끔 보았다. 이상하기는커녕 중후한 데다 위엄까지 있어 보이는 노인이었다.

"글쎄."

"마법사야."

"정말? 마법을 써?"

"모르지. 본 사람이 없으니. 하여튼 마법사라서 여기 잡혀 왔대. 하하하!"

미셸은 또 웃었다. 푸코는 다시 한 번 그 노인을 쳐다보았다. 목까지 내려오는 후드를 푹 눌러 써서 얼굴을 잘 볼 수는 없었지만 어쩐지 친근했다. 마법사라……. 마법사라 불리는 사람이 바로 건너편에서 밥을 먹고 있다니, 푸코는 18세기에 왔음을 다시 한 번 실감했다. 멀리서 점심시간이 끝났음을 알리는 종소리가 울렸다.

그렇게 며칠이 흘렀다. 푸코는 아직 구빈원의 다른 곳을 둘러보지 못했다. 자는 시간에 살펴볼까도 싶었지만 마음뿐이었다. 처음 해 보는 힘든 노동이어서 몸을 누이면 자기도 모르게 어구구 소리가 나올 정도였다. 더구나 구빈원의 생활은 아주 빡빡했다. 공동 작업을 뺀 시간도 대부분 기도를 하거나 미사에 참여하는 등 여유가 없었다. 빠듯한 일정에 관리인들의 감시까지 더해져 개인적으로 돌아다니는 일은 상상조차 힘들었다.

푸코는 그사이 몇 가지 새로운 사실을 알게 되었다. 구빈원 관리인들은 길거리에서 이상하다 싶은 사람은 누구든 잡아서 구빈원으로 끌고 와 감금시킬 수 있었다. 다시 말해 구빈원 관리인들은 구빈원 안뿐 아니라 밖에서도 힘을 발휘할 수 있었다.

그리고 미셸이 이곳에 들어온 이유가 동성애자이기 때문이라는 것도 알게 됐다. 그래서 아마 미셸은 푸코와 같은 이유로 이곳에 왔다고 이야기했는지도 모른다. 둘이 처음 만났던 그 새벽에 말이다. 그렇다면 미셸은 푸코 역시 동성애자라는 것을 한눈에 알아봤다는 것인데 대체 어떻게 된 것일까. 궁금해 몇 번 떠보기도 했지만 미셸은 늘

엉뚱한 대답만 했다. 일부러 이야길 피하는 사람처럼 말이다.

옆에서 본 미셸은 별로 동성애자 같지 않았다. 워낙 말이 많고 아는 척하는 데다가 뭐에 홀린 사람처럼 잠도 잘 자지 않고 돌아다녀 사람들을 귀찮게 해서 문제지, 그러지 않을 때는 그냥 소년일 뿐이었다. 그래서 미셸이 실제 동성애자인지 아님 그냥 소문인지 푸코로서는 알 수가 없었다. 그런데도 대부분의 사람들은 미셸을 아예 상종조차 하지 않으려 했다.

얼마 지나지 않아 사람들은 푸코에게도 이상한 눈길을 보냈다. 아마도 미셸과 친하다는 이유 때문일 것이다. 하지만 푸코는 신경 쓰지 않았다. 대신 언제까지 이곳에 이러고 있어야 하는지, 앞으로 어떻게 해야 하는지, 다시 현실로 돌아가는 암호는 어떻게 풀어야 하는지 등을 고민하며 시간을 보냈다.

사건은 오후 1시 30분부터 시작된 작업 시간에 벌어졌다. 푸코는 미셸과 함께 텃밭을 만들려고 땅을 고르고 있었다. 둘이 나란히 쪼그리고 앉아 돌멩이나 나무뿌리 같은 것을 골라내는데, 어디선가 자꾸 돌멩이가 굴러 왔다. 돌아보니 옆줄에서 작업하던 두 명의 덩치들 짓이었다. 척 보니 둘이 짜고 일부러 그러는 듯했다. 예전에도 그런 일이 있었는지 미셸은 주눅이 들어 슬금슬금 덩치들 눈치만 보았다. 푸코는 한 방 먹이고 싶었지만 그냥 그러지 말라고 점잖게 타일렀다. 말썽이 생기면 곤란하기 때문이다. 하지만 그들은 대 놓고 무시했다. 푸코는 속이 부글거리는 것을 참고 미셸과 자리를 바꿔 일을 계속했다. 하지만 덩치들이 이번엔 흙을 한 움큼 쥐어 미셸의 머리에 뿌렸다. 그러고는 미셸의 얼굴에 탁 침을 뱉으며 말했다.

"더러운 동성애자!"

"쓰레기!"

푸코는 더 이상 참을 수가 없었다. 자기도 모르게 붕 날아올라 그중 한 명과 맞붙었다. 그러고는 그 위에 올라타 주먹을 날렸다. 온몸에서 뿜어져 나오는 분노를 주체할 수 없었다. 정신없이 주먹질하는 푸코 등 뒤로 다른 덩치가 달려들었다. 푸코는 땅바닥으로 굴렀고, 맞고 있던 덩치까지 가세해 셋은 한데 엉켰다. 곧 근처에 있던 관리인이 달려오는 게 보였다.

다급해진 덩치 한 명이 땅바닥에 있던 뾰족한 돌을 집어 들어 푸코의 머리를 향해 내리찍으려고 했다. 그 순간 누군가 덩치의 팔을 잡아 꺾었다. 마법사 노인이었다.

"아악!"

비명 소리와 함께 덩치는 나동그라졌다. 다른 덩치도 덤벼들다가 노인의 털끝 하나 건드리지 못하고 붕 하고 나가떨어졌다. 그와 동시에 관리인이 현장에 도착했다. 누가 봐도 푸코와 마법사 노인이 덩치들을 때려눕힌 상황이었다. 덕분에 푸코는 마법사 노인과 함께 지하 감금방으로 끌려갔다.

지하 감금방은 두 명이 마주보고 앉을 수도 없을 만큼 좁았다.

구석에 있는 펌프 같은 것을 제외하고 방 안에는 아무것도 없었다.

"저건 뭐에 쓰는 건가요?"

푸코가 마법사 노인에게 물었다.

"곧 알게 될 걸세."

노인의 말이 맞았다. 말이 끝나자마자 바닥에서 물이 차오르기 시작했다. 누구든 펌프질을 해 물을 밖으로 퍼내지 않으면 익사할 판이었다. 펌프는 물을 빼내라고 있는 것이었다. 푸코는 얼른 뛰어가 펌프 손잡이를 돌리며 마법사에게 물었다.

"대체 왜 이렇게 해 놓은 건가요?"

"노동에 익숙해지도록 하기 위해서지. 이곳은 일하기 싫어 반항하는 사람을 가둬 놓는 방이라네. 이곳에서 살아 나가고 싶으면 펌프 손잡이를 돌릴 수밖에 없지. 다시 말해 노동을 할 수밖에 없는 상황을 만들어 일하기 싫어하는 자들에게 노동 습관을 길러 주는 거지. 그래서 나중엔 제발 밖에서 다른 사람들과 일하게 해 달라고 빌게 된다네. 그러면 관리인은 그를 내보내 경작이나 집 짓기 같은 일을 시키지. 그 사람은 너무나 감사한 마음으로 그 일을 하게 되고."

듣고 보니 노동 습관을 기르는 훈련 방법으로는 꽤나 효과적이겠다는 생각이 들었다. 푸코는 팔이 아팠다. 마법사가 교대해 주었으면 했지만, 그럴 생각이 없어 보였다. 노인은 머리에 쓰고 있던 후드를 더 깊이 눌러 쓰고는 옷 안쪽에서 지팡이를 꺼냈다. 옷 속에 넣고 다니기에는 너무 길고 큰 지팡이였다. 푸코는 팔이 떨어져 나가는 듯했다. 그래도 어쩐 일인지 마법사에게 교대하자는 말이 나오지 않았다. 펌프를 돌린다고 돌렸는데 어느새 바닥에 물이 차올라 종아리까지 적시고 있었다. 손을 바꿔 펌프를 돌리며 푸코는 마법사에게 다시 물었다.

"그런데 이 구빈원은 도대체 누가 운영하는 건가요? 관리인만 있는 건 아닌 것 같은데……."

마법사 노인은 물에 닿을 것 같은 망토 자락을 잡아 올리며 대답했다.

"구빈원 원장은 최고 법원장, 검사장, 대주교, 조세 재판소 소장, 회계 감사원 원장, 국왕의 치안 대리인, 시장 등이 맡는다네. 그러나 실질적 행정은 관리인이 맡지. 요즘 막 성장하고 있는 부르주아 계급에서 선발된 자들이네. 부르주아 계급이라고 해서 단지 돈만 잘 버는 신흥 부자 집단이라고만 보아서는 안 되네. 새로운 질서를 선도하는 엘리트 집단이라고 보는 게 더 적합하지. 그렇기에 그들은 열성적으로 일한다네."

"그런데 구빈원이 사람들을 강제할 권한이 있긴 있는 건가요? 보아하니 관리인이라는 사람들은 구빈원 안에서는 물론이고 밖에서도 엄청난 파워가 있는 것 같던데요?"

푸코가 그동안 느꼈던 점에 대해 물었다.

"그렇지. 사실 교회에서 운영하던 구빈원은 국왕의 칙령을 계기로 국가의 행정 시설이 되었지. 구빈원의 사법적 권한은 시랍이라는 도시 전역에 미친다네. 일반 권력 기구와 마찬가지로 재판소 밖에서 결정, 판결, 집행할 수 있는 기관이 되었지."

다시 말해 17세기에서 18세기 구빈원은 단순히 의료 시설이나 종교 시설이 아니라 준사법적 행정 시설이라는 거다.

"그런데 대체 왜 사람들을 이렇게 강제로 수용하는 건가요?"

어느새 푸코는 펌프의 손잡이도 놓은 채 투덜거리고 있었다.

"먼저 경제적 효과를 들 수 있지."

마법사는 마치 준비라도 한 듯 일사천리로 이야기를 이어 갔다.

"경제 위기가 주기적으로 반복되면서 실업자가 양산되고 있거든. 국가 입장에서 보면 실업 조절 차원에서라도 일할 능력이 없는 사람들을 강제로 수용할 필요가 있지. 이 사람들을 데려다 수용소에서 노동을 시켜 저렴한 상품을 만들면 경제 위기를 극복하는 데도 도움이 될 테고."

그러나 푸코는 이 의견에 동의할 수 없었다. 그래서 마법사에게 투덜대듯 빠르게 말했다.

"사실 그건 한계가 있는 주장이에요. 많은 경제학자들이 분석한 바와 같이 실업 문제는 강제 수용으로 해결되지 않거든요. 유효 수요가 창출되지 않는 실업 대책은 별 효과가 없다는 사실은 제가 사는 21세기엔 이미 상식처럼 되어 있거든요. 그러니까 아무리 그런 의도가 있었더라도 실질적인 경제 효과는 미미할 수밖에 없죠."

말을 해 놓고 아차차 싶었다. 21세기에 17세기에서 18세기 구빈원의 경제적인 효과에 대해 평가한 셈이니 마법사 노인이 얼마나 이상하게 생각하겠는가 말이다. 이건 '제가 미래에서 왔거든요.' 하고 이야기하는 셈이었다. 하지만 마법사 노인은 그저 고개를 끄덕일 뿐이었다. 푸코의 말을 제대로 이해하지 못했나 보다. 그러더니 조금 전과는 다른 이야기를 시작했다.

"그렇군. 어쩌면 경제적인 효과는 별로 없을지도 몰라. 다만 정치와 사회적인 면에서는 충분히 의미가 있다고 보는데……."

마법사는 어떻게 설명할까 생각하더니 한 가지 질문을 했다.

"일단 가난에 대해 이야기를 해야겠는데, 작업을 시작하기 전에 관리인이 늘 하는 말이 있지?"

"네. 영적으로 비참한 극빈자들은 국가의 쓰레기다, 국가의 관리를 통해 가난을 제거하자, 뭐 그런 내용이죠."

마법사는 고개를 끄덕이더니 위엄 있는 목소리로 이야기를 펼쳤다.

"그렇지. 그런데 이상하지 않나? 어느 시대에나 가난한 사람들은 있었는데 그렇다고 그들을 다 가두지는 않았거든. 그런데 왜 새삼스레 가두기 시작했을까? 그것부터 설명해야겠네. 예전 사람들은 가난에 대해 이렇게까지 혐오하지 않았어. 그러니까 적어도 16세기까지만 해도 가난한 자는 기독교도가 자비를 베풀어 구원으로 이끌어야 하는 대상이었지. 그런 점에서 가난은 신의 영광을 드러내는 신성한 것이기도 했고. 그런데 지난 세기부터 상황은 돌변했어. 가난은 더 이상 구원과 자비의 대상이 아니라 제거해야 할 쓰레기 같은 존재가 됐지.

가난은 구빈원에 수용해 제거해야 할 대상이 된 거야. 언젠가부터 가난은 기독교 세계에서 서서히 떨어져 나와 국가의 관리 대상으로 편입되었고, 신의 뜻이 아니라 제거해야 할 죄의 한 범주가 된 거지."

"그렇다고 가난이 죄는 아니잖아요. 쓰레기로 폄하돼야 하는 것도 아니고요. 물론 가난한 것보다는 부유한 것이 낫겠죠. 어느 시대나 가난을 미덕으로 생각한 적은 없었으니까요. 그렇다고 가난이 도덕적으로 나쁜 건 아니잖아요?"

푸코가 반론을 제기했다.

"하지만 이 시대는 가난을 경제적 빈곤이 아니라 도덕적 빈곤 때문에 생긴다고 본다네. 일반적으로 개인의 정신 자세나 노력, 성실성 등으로 포장되는 도덕 말일세. 무위도식, 게으름, 나태, 안일, 무책임 등이 모두 가난의 원인인데, 이런 것이 모두 비도덕적이라는 것이지. 구빈원에 갇힌 자들은 이런 도덕성이 부족해서 생긴 극빈자들로 분류된 자들이야. 곧 국가 발전에 해악이 되는 무질서한 존재로 재배치된 거라네. 이런 면에서 볼 때 구빈원은 빈곤을 가두는 감옥이라고 할 수도 있지."

"그런데 왜 갑자기 가난에 대한 생각이 변했을까요? 왜 사람들은 가난을 싫어하게 됐을까요?"

푸코는 궁금했다.

"세계에 새로운 질서를 구축하려고 한 부르주아의 시선으로 볼 때 가난 또는 가난하게 만드는 많은 것들은 모두 구악(舊惡)이기 때문이야. 새로운 질서를 방해한다는 점에서 추방해야만 하는 것이지."

"무위도식을 대대적으로 추방하자는 것이군요."

푸코가 맞장구를 쳤다.

"무위도식의 추방이라, 딱 맞는 말이군."

마법사 노인은 허허 웃더니 이야기를 이어 갔다.

"외형상으로 봤을 때 자본의 축적은 실제로 노동 가치의 축적이지. 노동력이 있어야 자본을 축적할 수 있고 사회가 발전할 수 있으니까. 이런 점에서 보면 무위도식은 나쁜 것이지."

"그러니까 무위도식은 사회나 국가에 대한 반항, 어떤 점에서는 가장 나쁜 반항이라는 거지요?"

푸코는 다시 궁금해져 물었다.

"그럼 걸인은 그렇다 치고 광인은 대체 왜 가두는 건가요? 제가 좀 아는데요, 예전엔 광인을 이렇게 가두지 않았거든요."

"가두지 않았다는 걸 어떻게 알았지?"

푸코는 순간 당황했다. 시공간의 틈을 여행해서 15세기 말에 직접 광인들의 배를 타 보았다는 이야기를 털어놓을 수도 없으니 말이다. 그때 어떤 생각이 푸코의 머리를 스쳤다.

"그 시대의 문학 작품을 보면 알 수 있죠. 17세기 세르반테스의 《돈키호테》 같은 소설을 보면, 주인공 돈키호테는 비이성적인 환각으로 가득 차 있었으니까 분명히 미친 사람이죠. 하지만 아무도 그에게 광인이라는 딱지를 붙여 감금하지는 않았어요. 즐거운 풍자적 광기라서 그런 것만은 아니에요. 왜냐면 비극적인 성격을 띤 광기도 마찬가지였거든요. 16세기 셰익스피어 작품만 봐도 그래요. 악마적인 힘에 사로잡힌 맥베스 부인의 광기나, 질투에 눈이 먼 오셀로의 광기, 리어왕이나 햄릿의 광기도 있지요. 중요한 것은 이들 중 어떤 광인도 갇히지 않았다는 거예요. 수용소에 있거나 배를 타고 물 위를 순례할 때도 있었지만 이렇게 억지로 갇히진 않았거든요. 그러니까 비이성에 광기라는 낙인을 찍어 감금시킨 것은 이 구빈원이 생기고 나서부터지요. 대체 왜 그랬을까요?"

푸코는 자신의 말에 도취될 정도로 흥분을 감추지 못했다.

"오호, 옛날에 대해 좀 아는구먼. 그럼 왜 갑자기 광인을 가두게 됐는지 그 이유를 알고 싶겠지?"

마법사 노인이 웃으며 물었다.

"네."

"그렇다면 따라오게."

"펌프는 어떻게……? 아차차!"

푸코는 자신의 두 손이 놀고 있다는 것을 깨닫고 얼른 펌프를 보았다. 하지만 펌프는 여전히 돌고 있었다. 아무도 돌리지 않았는데 저절로 말이다. 푸코는 마법사 노인을 쳐다봤다. 노인은 모르는 일이라는 듯 시치미를 뚝 떼면서 중얼댔다.

"이제 슬슬 가 볼까?"

철컹! 탕! 문 밖에서 무언가 쇠로 된 것이 바닥으로 떨어지는 소리가 들렸다. 그러고는 자물쇠가 풀리더니 스르륵 하고 저절로 문이 열렸다. 문 밖에는 아무도 없었다. 마법사는 망토를 펼쳐 푸코의 몸을 덮었다.

푸코와 마법사 노인은 당당히 마당을 가로질러 옆 건물로 갔다. 이상하게도 그런 둘에게 관심을 보이는 사람은 아무도 없었다. 생각보다 너무 쉽게 도착한 2층 사무실에는 몇 명의 사람들이 모여 열심히 회의 중이었다. 푸코는 여전히 마법사의 망토에 둘러싸여 회의실 한쪽에 서 있었다.

"저 남자가 국왕의 치안 대리인인 구빈원장이네."

마법사는 가운데 등받이가 높은 의자에 앉아 있는 사람을 가리키며 말했다.

"옆에 저 젊은 남자는 관리인 중 우두머리인 트농이고, 나머지는 교회와 시에서 나온 사람들이군. 마침 구빈원에 광인을 수용하는 일에 대해 뭔가 중요한 이야기가 오갈 것 같네."

마법사는 목소리를 낮추지도 몸을 웅크리지도 않은 채 느긋하게 설명했다. 보아하니 저들의 눈에는 푸코와 마법사의 모습이 보이지도 않고 목소리가 들리지도 않는 듯했다. 아마도 마법사의 망토는 투명 망토일 터이다. 그렇다면 이 망토에서 벗어나면 바로 들킬지도 모른다. 푸코는 몸을 마법사 쪽으로 바짝 붙이며 그들의 회의를 엿들었다. 교회의 성직자인 듯 보이는 사람이 부드러운 목소리로 이야기를 시작했다.

"구빈원장님, 저는 사실 좀 이해가 가지 않습니다. 비렁뱅이 걸인이야 무위도식하는 자이니 그렇다 치고 왜 광인까지 구빈원에 가둬놓는 것인지 말입니다. 전염병 환자가 생기면 병이 옮는 것을 우려하여 격리하듯이, 법원에서도 용납할 수 없는 범죄를 저지른 사람을 사회에서 영구히 격리하기 위해 사형이나 종신형을 부과합니다. 이렇게 전염병과 범죄는 다른 사람들에게 직접적인 피해를 끼친다는 점에서 이해되지만, 미쳤다는 것은 다른 사람에게 직접적인 피해를 끼치지는 않습니다. 광인을 도시에서 추방해 이곳저곳 떠돌게 하면 그만이지 않습니까? 그런데도 지금 그들을 구빈원에 강제로 수용하고 있습니다. 대체 그들이 누구에게 어떤 병을 전염시키기에 강제로 수용된 것입니까? 이렇게 광인까지 수용하는 근본적인 이유가 무엇인지요?"

"그걸 아직도 모르십니까?"

카랑카랑한 목소리의 주인공은 트농이었다. 트농은 한눈에 봐도 야심에 찬 똑똑한 젊은이라는 것을 알 수 있었다.

"거지의 무위도식이 문제이듯 광인의 무위도식도 문제가 됩니다. 무위도식을 한다는 것은 광인 역시 도덕적으로 결함이 있다는 뜻입니다. 인간은 노동하도록 운명지어졌다는 우리 주 예수 그리스도의 뜻에도 어긋나지 않습니까? 여기서 한 가지, 무위도식을 단순히 노동을 하지 않는다는 사실에 국한하여 생각해서는 안 됩니다. 무위도식은 제대로 일하지 않거나 비효율적으로 일을 처리하는 것과도 관계가 있습니다. 그렇기 때문에 우리 관리인은 무위도식하는 자로 인해 생긴 빈곤 세계에 질서를 부여해야 한다고 생각합니다. 노동하는 자이든 노동하지 않는 자이든 무위도식 여부와 그 정도에 대해 일상적인 검열을 받아야 한다는 겁니다. 특히 광인처럼 알 수 없는 이유로 빈둥대는 사람은 더더욱 국가가 용납할 수 없습니다. 광기는 더 이상 가치가 없을 뿐 아니라 이미 추문과 수치가 됐습니다. 그러니까 정신이 이상한 자를 이 구빈원으로 데려오거나 고발하는 것 아니겠습니까?"

"그럼 그 광인을 가둬 놓고 어쩌자는 말씀이십니까?"

성직자인 듯 보이는 사람이 다시 물었다.

"이미 새로운 시대가 열리고 있습니다. 새로운 시대는 새로운 질서와 가치를 요구하게 마련입니다. 새로운 가치는 구악으로 여겨지는 모든 것을 재설계해 새로운 것으로 탈바꿈시키면서 얻을 수 있습니다. 부를 확립하고자 하는 우리에게 노동력이 없는 광인은 위협적인 존재입니다. 그렇다고 제거만이 능사는 아니겠지요. 우리 구빈원은 이런 무위도식을 교정의 대상으로 삼고 있습니다. 교정을 어떻게 하느냐, 바로 훈육입니다. 구빈원에 있는 극빈자들은 철저한 훈육을 통해 교정될 것입니다. 그렇다면 이 교정을 통해 우리는 무엇을 얻을 수 있을까요? 그것은 바로 생산성입니다. 생산성 향상이 실적으로 이어지지 않으면 결국 무위도식이나 마찬가지니까요. 그러므로 무질서한 무위도식을 끊임없이 교정하여 생산성을 향상하는 질서 안으로 재편해야 합니다. 동시에 이는 무위도식, 나태, 게으름 등으로 똘똘 뭉친, 이 사회가 도저히 용납할 수 없는 사람들을 사회에 통합하는 과정이기도 합니다."

트농은 잠시 좌중을 둘러보았다. 모두 동의한다는 듯 고개를 끄덕이고 있었다. 트농은 자신만만하게 이야기를 이어 갔다.

"또한 이성과 합리주의 입장에서 보면 말이지요……."

그럴 줄 알았다. 계몽주의가 시작된 이 시대에 가장 중요한 키워드는 바로 인간의 이성과 합리성이다. 그런데 광기는 계몽주의의 핵심인 인간의 이성과 합리성에 정면으로 반하지 않는가. 잠시 그런 생각을 한 후 푸코는 트농의 이야기에 다시 귀를 기울였다.

"광인은 인간이라기보다는 동물적 기질을 가진, 인간 비슷한 인간일 겁니다. 그러기에 더더욱 감금해야지요. 이 이상한 광기야말로 이성을 중요하게 생각하는 합리주의 입장에서 보면 가장 큰 적 중 하나니까요. 이성을 갖지 못한 이들은 당연히 도덕성이나 윤리성도 가질 수 없습니다. 이건 뭐 모두 아시는 내용이라 새삼스레 더 이야기할 것도 없으리라 봅니다."

"하지만 예전에는 광기를 우주적 계시로 생각한 적도 있지 않습니까?"

"그런 생각과도 이젠 단절해야 합니다. 위대한 데카르트가 뭐라고 했습니까? 신이 모든 인간에게 부여한 이성은 선택의 힘이 있는 인간의 의지로부터 분리가 불가능하다고 하지 않았습니까? 즉, 인간 자신은 광기와 이성 가운데 선택할 수 있다는 말입니다. 인간의 선택에 따라 바뀔 수 있다는 이야기지요. 그러므로 이제 광기는 더 이상 신의 뜻이 아니라 그저 교정이 필요한 대상일 뿐입니다."

모두 고개를 끄덕이며 수긍했다. 다들 동의하는 분위기가 되자 트농은 조심스레 안건을 하나 꺼냈다.

"우리 구빈원에서도 광인을 전시하는 일을 시작할까 합니다. 이미 준비는 다 되었으니 여기 계신 분들만 동의해 주시면 됩니다. 이 전시는 구빈원의 재정에도 큰 도움이 될 수 있습니다. 소문에 듣자 하니 영국 런던의 베슬리헴 병원에서 감금된 광인을 전시했는데, 다녀간 사람들이 지난해에만 9만 6천여 명에 이른다고 합니다."

트농의 제안은 의기양양하기까지 했다. 하지만 수긍하던 분위기와는 달리 모두들 뜨악한 표정이었다.

"아무리 그래도 전시까지는 좀 심하지 않습니까? 광인의 추한 모습을 사람들에게 구경시켜 뭐 좋을 게 있다고."

누군가 못마땅한 듯 거칠게 이야기했다. 여기저기서 "옳소, 옳소!" 하는 소리가 나왔다. 예상하지 못한 반응이었다. 그때였다. 조용히 경청하던 구빈원장이 목소리를 가다듬더니 위엄을 갖춰 말했다.

"흠흠! 이 전시는 구빈원의 재정을 충당할 수 있는 좋은 방법입니다. 베슬리헴 병원에 감금된 광인을 구경하러 지난해에만 9만 6천여 명이나 다녀갔다고 하지 않습니까?"

구빈원장은 트농이 한 이야기를 똑같이 다시 했다. 웃긴 건 사람들의 반응이었다. 조금 전까지 뜨악한 표정이던 사람들이 갑자기 고개를 끄덕이며 동조하지 않는가. 저렇게 말의 힘이 달라지는 이유가 뭐지? 푸코는 앞으로 생각할 거리가 하나 더 생겼다는 표정을 지으며 계속 지켜보았다.

"기왕에 할 거면 적극적으로 해야 하지 않겠습니까? 다른 곳보다 전시 효과가 더 날 수 있게."

아까 좀 심한 거 아니냐고 말했던 사람이다. 마치 자신의 말을 만회라도 해야겠다는 듯 필요 이상 강한 어조였다. 이미 구빈원장의 지지를 받아 자신만만해진 트농은 여유 있게 대답했다.

"예. 일단 정신 질환의 네 가지 등급에 따라 각 방에 해당 광인을 전시할 예정입니다."

전시를 한다고, 광인을? 푸코는 당황스러웠다.

"특히 조증에 걸린 광인을 맨 앞 1번 방에 전시할까 합니다. 조증 환자는 체력이 좋아서 굶주림이나 밤샘, 추위에 견디는 능력이 뛰어납니다. 자지 않을 때는 들떠 있고 부산하며, 종종 환영에 시달려 터무니없는 행동으로 치닫기도 합니다. 한마디로 보여 줄 거리가 많지요. 조증이면서 동성애자이기도 한 미셸을 비롯해……."

푸코는 더 이상 아무 말도 들리지 않았다. 미셸? 그 어린 녀석을 전시한다고? 말도 안 돼! 푸코는 자기도 모르게 주먹을 쥐고 벌떡 일어섰다. 회의장에 모인 사람들의 시선이 갑자기 푸코에게 쏠렸다. 아뿔싸! 망토가 벗겨진 것이다.

무언가 얼굴로 확 쏟아지는 느낌에 푸코는 진저리를 치며 눈을 떴다. 차가운 공기와 소음이 창살 너머에서 쏟아지고 있었다. 모로 누운 푸코의 눈에 잘 차려 입은 사람들의 모습이 들어왔다. 삼삼오오 짝을 이뤄 이쪽을 쳐다보며 욕을 하고 있었다. 구빈원에 전시된 광인을 구경하러 온 시민들이었다. 다들 무슨 못 볼 것이라도 본 듯 얼굴을 찌푸렸고, 간혹 쓰레기 따위를 던지며 욕을 했다. 그러면서도 쉽사리 자리를 떠나지는 않았다. 얼마나 인기가 많은 전시인지 매일 인산인해를 이루었다.

푸코는 자신을 구경하는 사람들의 시선이 싫어 돌아누웠다. 건너편 방의 미셸도 생기를 잃은 채 구석에 앉아 있었다. 전시실 안에는 쇠창살을 이용해 만든 네모난 우리 네 개가 정사각형을 그리며 놓여 있었다. 광인을 분류하여 각각의 우리에 모아 놓았고, 우리와 우리 사이로 구경꾼이 걸어 다닐 수 있게 십자형으로 길을 냈다. 덕분에 창살 건너 옆방에 있는 미셸의 모습이 아주 잘 보였다. 어두운 지하에 가둬 놓아 언제 해가 뜨고 지는지는 알 수 없었다. 다만 구경꾼이 많으면 낮이고, 없으면 밤이라는 추측은 할 수 있었다.

푸코는 당장이라도 이곳을 빠져나가고 싶었다. 하지만 방법을 알 수 없었다. 전시실에서 벗어날 수 없다면 당장이라도 21세기 현실로 돌아가고 싶었다. 처음엔 어떻게 하면 이곳을 나갈 수 있을지 열심히 궁리했다. 하지만 막막했다. 원래 현실로 돌아간다는 것 역시 마찬가지였다. 시간이 지나면서 모든 것에 무기력해졌다.

현장에서 바로 잡힌 푸코는 길고 긴 심문을 받았다. 처음에는 회의실에 어떻게 들어왔는지를 주로 물었다. 하지만 푸코는 딱히 할 말이 없었다. 마법사 노인의 투명 망토 이야기를 해 봤자 믿지 않을 게 뻔했으니까. 푸코가 횡설수설하자 질문은 점점 더 집요해졌다. 지하 감금방에서는 어떻게 나왔는지, 원래 살던 곳은 어딘지, 가족은 어디에 있는지, 생김새는 왜 이렇게 특이한지 등 끝이 없었다. 뭐 하나 딱 부러지게 대답을 못하자, 마침내 관리인들은 푸코가 미쳤다는 결론을 내렸다. 그러고는 푸코를 전문가에게 보냈다.

자신을 두블레라고 소개한 의사는 이것저것 묻고 나서 푸코를 꼼꼼히 살피기 시작했다. 마치 우시장에 나온 소를 보듯 들출 수 있는 곳은 다 들춰 보았다. 그러더니 푸코에게 일장 연설을 늘어놓기 시작했다.

"자네를 딱히 뭐라고 분류하기가 곤란하군. 아, 그거 아나? 정신 질환은 크게 광란, 조증, 우울증, 저능, 이렇게 네 가지로 분류한다는 것 말이야. 일단 광란은 말이지, 열을 수반하는 격렬하고 연속적인 정신착란이야. 조증은 열이 없는 지속적인 정신착란이고. 우울증도 지속적인 정신착란이긴 한데 두 가지 점에서 조증과 다르지. 자세한 이야기는 관두고, 다행히도 자네는 광란에 가까운 것 같군."

한 방에 광란에 속하는 정신 질환자로 낙인찍힌 푸코는 전시실로 옮겨졌다. 푸코가 전시실을 벗어나는 것은 요원해 보였다. 구경꾼에게 무척 인기였기 때문이다. 구석에 앉아 아무것도 하지 않는데도 말이다. 모두가 다 이상하게 생긴 푸코의 외모 때문이었다.

그나마 전시실은 환경이 좀 나았다. 수용된 광인은 쇠사슬에 묶인 채 쥐에게 뜯긴다고도 했다. 광인은 사람이 아닌 짐승 취급을 받았고, 구경거리로 전락한 셈이었다.

전시 시작 전이나 후에 광인은 순서대로 치료를 받아야 했다. 치료 역시 두블레의 방법을 따라야 했다. 두블레는 치료하기 전에 그 방법에 대해 자세히 설명하곤 했다. 정신 질환의 네 가지 분류에 따라 치료 방법이 다르다고 했다. 공통점이 있다면 모두 신체 치료를 통해 정신 질환을 치료하는 방식이라는 것이었다.

저녁이 되자 두블레는 관리인과 함께 광란으로 분류된 광인의 방으로 들어왔다. 두블레는 구석에 있던 광인 한 명을 그날의 치료 대상으로 지목했다. 관리인은 지목된 광인을 두블레 앞에 앉히고는 양쪽에서 움직이지 못하게 잡았다. 두블레는 날이 잘 선 칼을 들어 광인의 머리카락을 잘라내기 시작했다. 그러면서 좌중을 향해 자신의 치료법을 설명하기 시작했다.

"광란은 질병 초기부터 머리를 밀어야 한다. 그런 후에 히포크라테스의 헝겊 모자라고 불리는 붕대를 머리에 감아야 한다. 그다음 물과 식초의 차가운 혼합액으로 이 붕대를 적시고, 물기가 마르지 않도록 해야 한다."

푸코는 온몸에 소름이 돋았다. 두블레는 광인의 머리카락을 자르며 확신에 찬 목소리로 설명을 이어 갔다.

"광란, 이 끔찍한 질환은 뇌의 모든 질환 중에서 치유하기가 가장 쉽다. 이렇게 머리에 물기가 마르지 않게 한 후 본격적인 치료는 강한 사혈[25]로 시작해야 한다. 먼저 발의 사혈을 두세 차례 반복해야 한다. 그러고는 측두부의 사혈로 넘어가서 점점 더 강하게 많은 양을 뽑아내야 한다. 이 광인은 내일부터 본격적인 치료에 들어갈 것이다."

푸코는 두려웠다. 차례가 되면 푸코 역시 꼼짝없이 머리카락을 잘리고 피를 뽑힐 수밖에 없을 것이다.

두블레와 일행은 다시 옆방으로 갔다. 미셸이 있는 조증 광인의 방이었다. 관리인은 그 방에 들어서자마자 광인을 한쪽 구석으로 몰았다. 그러고는 차가운 물을 마구 뿌려 댔다. 한겨울에 갑자기 차가운 물벼락을 맞은 광인은 몸서리를 치며 소리를 지르기 시작했다.

"조증 광인은 사혈 치료 대신 목욕 치료를 해야 한다. 지금부터 이 환약을 하나씩 받아서 먹는다. 이 환약에는 비누 성분이 들어 있어 속까지 깨끗해질 것이다."

두블레는 덜덜 떨고 있는 광인에게 커다란 환약을 한 알씩 먹게 했다. 환약을 먹던 몇몇은 토하기 시작했다. 그 광경을 보자 조증 광인들은 환약을 거부하기 시작했다. 그중에는 미셸도 있었다. 겁에 잔뜩 질린 미셸은 입을 꼭 다물고 고개를 가로저었다. 관리인은 그런 미셸을 뒤에서 꿇어앉히고는 억지로 입을 벌렸다. 쇠창살 너머로 그 광경을 지켜보던 푸코는 참을 수가 없었다. 관리인이 억지로 입을 벌리는 와중에 미셸의 입술에서 피가 터졌다. 피를 뚝뚝 흘리며 몸부림을 쳤지만, 두블레는 어느새 미셸의 입안에 환약을 밀어 넣고 있었다.

"하지 마! 먹기 싫다고 하잖아! 이건 말도 안 되는 치료법이야! 목욕이나 그런 환약 같은 걸로 조증이 괜찮아질 리가 없잖아! 먹지 마, 미셸! 뱉어 버려!"

푸코는 고래고래 소리를 질렀다. 동시에 두블레가 아악 하고 소리를 지르며 뒤로 넘어졌다. 미셸이 환약을 집어넣던 두블레의 손가락을 깨물었기 때문이다. 화가 난 두블레는 푸코 쪽으로 다가와 이를 앙다문 채 위협했다.

"다시 한 번 말해 봐! 감히 내 치료법이 효과가 없다는 거야?"

"그래! 오히려 광인을 더 괴롭힐 뿐이야. 차가운 물벼락을 맞고 덜덜 떨면서 쓰디쓴 환약을 먹느라 괴로워하는 모습이 당신 눈에는 안 보여?"

어디서 그런 용기가 나왔는지 푸코는 악을 쓰며 반박했다.

"하하하! 광인이 괴롭다고? 하하하!"

한판 벌일 것 같던 두블레는 갑자기 큰 소리로 웃기 시작했다. 그러고는 푸코를 쳐다보며 상대할 필요도 없다는 듯이 손을 휘저으며 말했다.

"하하하! 내가 순간 자네 역시 광인이라는 것을 잊었구먼. 광인이 하는 말을 진지하게 받아들여 화까지 내다니 나도 참 늙었나 보네. 광인의 말은 의미가 있는 언어가 아닌데도 말이지. 하하하!"

두블레는 전체를 향해 큰 소리로 말했다.

"잘 들어라! 광인은 아픈 사람이 아니다! 짐승과 다를 바 없으니 추위, 허기, 고통을 모르지. 광기가 그를 보호해 준단 말이다."

그러고는 관리인에게 오늘은 그만하자고 말했다.

미셸은 환약을 뱉으며 주저앉았다. 문으로 나가려고 푸코를 지나치던 두블레가 그를 향해 한마디 던졌다.

"내 치료법이 소용없다고? 어디 두고 보지."

그러고는 관리인에게 말했다.

"내일부터는 이 광인을 집중적으로 치료하겠습니다. 준비 부탁합니다."

관리인이 알았다는 듯 고개를 끄덕였다. 두블레 일행은 찬바람을 일으키며 나갔다. 그제야 푸코는 제정신이 돌아오는 듯했다. 큰일이다. 내일이면 치료라는 것이 시작될 터이다. 빨리 이곳을 빠져나가든 현실로 돌아가든 해야 한다.

'대체 마법사 노인은 어디에 있는 것일까? 설마 잡힌 걸까?'

투명 망토 덕에 사건 현장을 무사히 빠져나갔으리라 짐작했지만 그 후로 마법사 노인의 행방에 대해서 들은 바가 없다. 푸코는 빨리 마법사 노인을 만나고 싶었다. 아무리 생각해도 지금 자신을 도와줄 수 있는 사람은 그 노인뿐이다.

그나저나 현재로 돌아가는 암호를 어떻게 풀 수 있을까. 이번에도 두 개의 눈 사이에 늙은 남자의 뇌를 쪼개 날리면 돌아갈 수 있을까. 밤이 되어도 푸코는 잠이 오지 않았다.

"푸코! 이봐, 푸코!"

어두운 방 안에서 낮은 목소리가 울렸다. 소리는 조증 광인이 있는 방 쪽에서 들렸다. 미셸이다.

"미셸?"

푸코는 작은 목소리로 물었다.

"이쪽으로 와 봐. 할 말이 있어."

푸코는 조용히 몸을 일으켜 아무렇게나 쓰러져 잠든 사람들 사이를 조심스럽게 헤치고 쇠창살 가까이로 갔다. 창백한 얼굴의 미셸이 창살 너머에 있었다.

"아까는 고마웠어."

미셸은 작은 목소리로 속삭였다.

"뭘……. 그런데 입술은 괜찮아?"

"응. 괜찮아. 뭐 이 정도쯤이야."

미셸은 창살 사이로 잔뜩 부어오른 입술을 내밀었다.

"퉁퉁 부었지만 멀쩡하네."

푸코가 농담을 던지며 쿡쿡 웃자, 미셸도 따라 쿡쿡 웃었다.

"고마우니까 그 보답으로 내가……. 도망가게 해 줄까?"

지나가는 말처럼 미셸이 물었다.

"그러든지. 크크."

푸코도 여전히 쿡쿡대며 농담 삼아 대답했다.

"금방 다시 잡혀 올지도 몰라. 운 나쁘면 죽을 수도 있고. 며칠 전 성문으로 들어가려던 걸인이 궁수한테 사살당했다는 소문도 있어."

미셸은 어느새 웃음기를 거둔 채 침울하게 이야기했다. 푸코의 얼굴에도 웃음기가 가셨다.

"방법이 있어?"

미셸은 손바닥을 펴 보였다. 얇고 날카로운 핀 같은 것이 희미한 달빛을 받아 반짝거렸다. 푸코는 이걸 가지고 뭘 어쩌자는 표정으로 미셸을 바라보았다.

"사혈할 때 쓰는 침이야. 난 이렇게 뾰족한 것만 있으면 모든 자물쇠를 열 수 있어. 아까 관리인한테 맞아 넘어지면서 빼낸 거야. 원한다면 저 문을 열어 줄 수 있어. 하지만 그다음은 나도 몰라. 계단을 올라가서 마당을 가로지르고 담을 넘어야 할 텐데……. 관리인이 밤에도 지키고 있으니까 쉽진 않을 거야."

"그럼 저 문은 어디로 통하는 거지?"

푸코는 반대쪽 문을 가리키며 물었다.

"저 문을 열면 예전에 자던 방으로 통하지. 계단으로 올라가면 공동 침실 안의 수돗가가 나와. 전시할 광인을 옮기기 편하게 하려고 그렇게 만든 거야."

"수돗가!"

푸코의 머릿속을 번쩍 스치는 생각이 있었다. 하수구. 처음 이곳에 도착했던 날 등을 축축하게 적신 고장 난 하수구 말이다.

"수돗가 아래에 하수구도 있지?"

"응. 툭 하면 고장 나서 넘치기도 해."

"그럼 그 아래 어딘가에 하수도 시설이 있다는 건가?"

"그렇겠지. 그 하수구로 버리는 물은 공동 침실 문 밖으로 흘러 커다란 하수관을 통과하게 되지. 아, 역시 나는 모르는 게 없어. 처음 여기 잡혀 왔을 때 제일 먼저 한 일이 그 하수관 넓히는 공사였거든."

"폭이 얼마나 돼?"

"글쎄……. 사람 하나 간신히 기어갈 수 있는 정도? 하지만 쥐도 많이 있어서 그 속에 오래 있으면 흑사병에 걸릴지도 몰라. 게다가 어디까지 그 하수관을 타고 갈 건데? 구빈원 밖에 큰길부터는 도랑이라서 더 이상 몸을 숨길 수도 없어."

"그럼 여기서 가장 가까운 건물은 뭐지?"

"수도원."

웬 뜬금없는 질문이냐는 표정으로 미셸이 대답했다.

"거기에 혹시 그림이 있어?"

"응. 물론이지, 수도원인데."

푸코는 한참을 생각했다. 더 이상 버물 수는 없다. 내일이면 치료를 받아야 하고, 그런 치료를 받다 보면 아마 명대로 못 살고 죽을지도 모른다. 그 순간 기적같이 열쇠 말이 떠올랐다. 누군가 푸코의 머리에 다운로드한 것 같았다.

'재현의 근원을 찾아라.'

재현의 근원이 뭔지는 알 수 없지만 또 한 번 해 보는 거지. 이럴 때 마법사 노인이 있으면 정말 도움이 될 텐데……. 푸코는 혹시나 싶어 미셸에게 물었다.

"그 마법사 노인 말이야, 지금 어디 있는지 알아?"

"내가 모르는 게 하나도 없지만 그건 모르겠네."

멀리서 닭 우는 소리가 들렸다. 곧 아침이다. 더 이상 지체할 수 없다. 도망치려면 지금 시작해야 한다. 푸코는 굳은 표정으로 미셸에게 말했다.

"같이 가자."

미셸의 동그란 눈이 더 동그래졌다. 그 큰 눈망울에 두려움이 가득했다.

하수관은 정말이지 사람이 하나 간신히 기어갈 수 있을 정도로 좁았다. 하수관의 오물을 뒤집어쓴 채 그 속을 기는 일은 정말이지 곤욕이었다. 온몸이 다 긁혔다. 얼마를 그렇게 갔을까……. 마침내 저 앞에서 희미한 빛이 보였다. 구빈원을 벗어난 것이다. 어차피 이른 새벽이라 구빈원 앞 큰길에는 사람이 많지 않을 것이다. 운이 좋아 누구의 눈에도 띄지 않는다면, 죽자 사자 뛰어서 수도원까지 가는 거다. 가면 뭔가 실마리가 있지 않겠어. 그렇게 막연한 희망을 안고 푸코는 있는 힘을 다해 새벽빛이 스며드는 하수관의 끝으로 기어갔다.

다행히 주변엔 아무도 없었다. 더욱이 안개마저 짙었다. 하수관을 빠져나온 푸코는 급히 안쪽을 들여다보았다.

"미셸, 뭐 해? 빨리 나와."

미셸의 모습이 어렴풋이 보였다. 푸코보다 몸집도 훨씬 작고, 분명히 바로 뒤에 바짝 붙어서 기어 나오는 것 같았는데 저 멀리 있다니 의외였다. 푸코는 미셸을 잡아당길 요량으로 하수도 안쪽으로 얼굴을 들이밀고는 기다렸다. 하지만 미셸은 좀처럼 나오지 못했다.

새삼 미셸과 함께 도망 나온 것이 잘한 일인지 의심이 들었다. 도박하는 심정으로 일단 수도원으로 가 보자고는 했지만, 사실 그곳이 안전한지 푸코의 예상처럼 현재로 돌아갈 수 있을지 알 수 없었다. 더욱이 미셸과 함께 돌아갈 수 있을까? 만일 푸코 혼자만 돌아간다면 남은 미셸에게 어떤 일이 일어날지는 아무도 모른다. 하지만 확실한 사실은 탈출을 시도한 이상 그냥 구빈원으로 돌아갈 수는 없다는 것이다. 푸코는 입술이 바짝바짝 타들었다.

그때였다. 구빈원 쪽에서 관리인이 뛰어나오는 소리가 들렸다. 안개가 너무 짙어 잘 보이진 않았지만 여러 명이 급하게 움직이는 듯했다. 느낌으로 보아 아무래도 푸코와 미셸의 탈출을 눈치챈 것 같았다. 푸코는 마음이 급했다. 미셸을 놔두고 이대로 혼자 도망갈 수는 없다. 하지만 계속해서 미셸을 기다릴 수도 없다. 이러다가는 둘 다 잡히고 말 것이다. 푸코는 행여 들킬까 소리조차 내지 못한 채 하수도 안쪽을 향해 손을 흔들어 댔다. 다행히 손 하나가 푸코의 손을 맞잡았다. 이제 됐다 싶어 푸코는 있는 힘껏 팔을 당겼다.

"저기다! 저쪽이다!"

관리인들의 발소리가 푸코 쪽을 향했다.

"서둘러!"

푸코는 눈을 관리인들 쪽으로 향한 채 소리쳤다.

"조용히 해!"

낮고 엄한 목소리에 돌아본 푸코는 깜짝 놀랐다. 푸코의 손을 잡은 사람은 미셸이 아니라 마법사 노인이었다. 노인은 푸코의 머리 위로 펄럭하며 망토부터 씌웠다.

"여길 어떻게?"

푸코는 투명 망토 안이다 싶어 안심하며 물었다. 밖에서는 갑자기 눈앞에서 사라진 푸코를 찾느라 관리인들이 우왕좌왕하는 소리가 들렸다.

"일단 뛰어. 아무리 투명 망토 안이어도 100퍼센트 안전하지는 않아."

"잠깐만요, 미셸은요? 미셸이 아직 안 나왔어요. 저 안에서 못 보셨어요?"

"미셸이라니 그게 누구지?"

"늘 저랑 같이 다니던 그 소년이요."

"같이 다니다니, 누구랑? 자넨 늘 혼자였는데……."

푸코는 어이가 없었다. 늘 혼자였다니. 내내 미셸과 함께 붙어 다녔는데……. 그럴 리가 없다며 푸코가 흥분하자 마법사 노인은 더 희한한 이야기를 했다.

"아마 거울의 틈에 떨어졌나 보군. 자네가 말한 미셸이란 사람 말이야, 거울에 비친 자신의 모습일 수도 있네."

말도 안 된다. 미셸은 30대의 푸코와는 달리 여리고 창백하고 수선스러운 소년이지 않은가. 푸코가 믿기지 않는다는 표정을 짓자 노인은 재빠르게 덧붙였다.

"자신의 또 다른 자아가 보일 수도 있지. 그 이야긴 나중에 하고 일단은 얼른 움직이세. 여기서 이럴 새가 없네."

푸코는 믿을 수가 없었다. 아무리 그래도 그냥 노인과 둘만 도망갈 수 없었다. 어떻게든 미셸을 찾고 싶어 다시 하수도 쪽으로 몸을 기울였다. 그러느라 자기도 모르게 손과 얼굴이 망토 밖으로 삐져나왔다. 그때 근처의 한 관리인과 눈이 딱 마주쳤다. 푸코는 얼른 망토 속으로 몸을 숨겼다. 하지만 이미 늦었다. 관리인의 칼이 허공을 스쳤고, 망토에는 세로로 긴 칼자국이 났다. 베인 망토 틈으로 푸코와 노인의 모습이 보였다.

"뛰어!"

노인이 푸코의 손을 잡고 뛰기 시작했다. 베인 망토 자락 사이로 노인과 푸코의 모습이 보였다. 관리인들이 소리를 지르며 둘의 뒤를 쫓기 시작했다. 얼마를 뛰었을까. 어느새 수도원이었다. 열린 문틈으로 뛰어 들어가 오른쪽에 있는 건물로 내달렸다. 문 안쪽까지 따라 들어온 관리인들은 그 모습을 보지 못했는지 건물 밖에서 우왕좌왕했다. 푸코와 노인은 숨을 죽인 채 문 밖의 동태를 살폈다. 다행히 관리인들은 다른 곳으로 뛰어갔다. 푸코와 마법사 노인은 그제야 깊은 숨을 몰아쉬었다. 노인은 일단 망토를 걷었다.

"이제 어떻게 하나요?"

푸코가 물었다.

"어떻게 할 계획이었는데?"

노인이 되물었다.

"재현의 근원을 찾아야 하는데요."

푸코는 자신 없는 목소리로 대답했다.

"재현의 근원이라……. 재현을 한다는 것은 아마도 그림을 말할 게야. 일단 저리로 가 보세, 저 건물 위층에 그림이 있으니. 가지."

일리가 있었다. 푸코는 다행이라 생각하며 그 뒤를 따랐다. 계단을 올라가 모퉁이를 도는데 거울이 있었다. 무심히 그 앞을 지나던 푸코는 이상한 느낌에 멈칫했다. 천천히 고개를 들어 거울을 본 푸코는 깜짝 놀랐다. 미셸이었다. 미셸이 그 거울 안에서 푸코를 보며 미소 짓고 있었다. 푸코는 양손으로 거울 여기저기를 짚었으나 미셸은 손에 닿지 않았다. 울 듯한 표정이 된 푸코는 더듬거리던 손을 멈춘 채 거울 속 미셸을 마주 보았다. 깜빡하며 눈을 감았다 뜨자 어느새 거울 속에는 눈물이 그렁그렁한 푸코의 모습뿐이었다. 누구한테 맞았는지 입술이 잔뜩 부풀었다. 푸코는 그제야 거울의 틈으로 떨어졌다는 노인의 이야기가 떠올랐다. 미셸은 푸코의 또 다른 자아였단 말인가.

이러고 있을 때가 아니다. 푸코는 얼른 방으로 뛰어들었다. 노인의 모습은 눈에 띄지 않았다. 또 망토를 뒤집어썼나 보네. 그곳에는 정말 커다란 그림이 한 점 걸려 있었다.

"벨라스케스의 〈시녀들〉이라는 그림일세. 그 가운데가 마르그리트 공주일세."

노인의 목소리만 울렸다.

푸코는 그 그림을 꼼꼼히 살펴보았다. 예쁘게 차려 입은 마르그리트 공주를 중심으로 그 주위에 여섯 명이 각기 다른 자세로 서 있거나 몸을 구부리고 있었다. 그림의 왼편에는 커다란 캔버스의 뒤가 보이고, 그 앞에 화가가 팔레트와 붓을 쥐고 비스듬히 서 있었다. 그림의 배경에는 복도로 통하는 문이 열려 있고, 그 문틀 안에 한 사람의 실루엣이 작게 그려져 있었다. 그러니까 그림 속에 실재하는 사람은 모두 아홉 명이다. 그런데 배경의 문 옆 벽에 정방형의 거울이 있었고, 거기에는 희미하게 두 사람의 상체가 비쳤다. 아홉 명의 다른 인물에 비해 이 두 사람의 존재는 실재가 아니고 단지 거울에 비친 영상이었다.[26] 생생하게 그려진 여덟 명의 인물에 비해, 그리고 작게 그려진 문틀 안의 실루엣에 비해서도 거울 속 인물들은 흐릿하기 그지없었다. 아마 왕과 왕비인 듯했다. 왕과 왕비는 우연히 지나가다 공주를 그리는 화가의 작업 현장을 보고 잠시 지켜보았을 것이다. 그래서 화가도 화폭에서 눈을 떼고 몸을 비스듬히 돌렸고, 모두들 황공하여 엉거주춤한 자세를 취한 것이다.

그러니까 이 그림의 광경은 갑자기 나타난 왕과 왕비를 바라보는

_ 벨라스케스의 그림 〈시녀들〉

일종의 스냅 사진 구도이다. 그렇다면 사실은 거울 안의 두 사람이 그 누구보다도 중요한 인물이다. 단지 그들이 왕과 왕비이기 때문은 아니다. 이 그림의 존재 근거가 그들에게 있기 때문이다. 이 광경의 재현은 왕과 왕비에게서 비롯된 것이다. 그러나 그렇게 중요한 이들이 실제 그림 속에서는 흐릿하게 부재 중이다. 왕의 위치는 그림 속 인물이 바라보는 앞, 다시 말해서 우리 관객의 자리에 있다. 그렇다면 이 그림의 재현의 근원은, 우리와 같은 시선을 가진 왕과 왕비인 셈이다.

푸코는 조용히 눈을 감았다. 그리고 거울 속에 흐릿하게 비치는 왕과 왕비 위에 손을 얹었다. 그러자 그림이 빙글 돌면서 뒷면이 나왔다. 그곳에는 커다란 표가 그려져 있고, 거기엔  동물 그림 카드가 뒤죽박죽 붙어 있었다. 그 표를 한동안 쳐다보던 푸코는 뭔가 생각이 났는지 동물 카드를 이리저리 옮겨 붙이기 시작했다. 푸코 얼굴에는 금세 땀이 송골송골 맺혔다. 마지막 카드 하나를 맨 구석에 있는 칸으로 옮긴 푸코는 한 걸음 뒤로 물러서서 표 전체를 훑어보았다. 예상은 적중했다. 드디어 삐걱하는 소리와 함께 시공간의 틈이 생겼다.

"저기다!"

"저 자를 잡아라!"

마침 뛰어든 관리인들이 소리를 질렀다. 푸코는 시공간의 틈으로 들어가기 전에 주변을 한번 살펴보았다. 슬쩍 벌어진 틈 사이로 푸코를 바라보는 마법사 노인의 얼굴이 보였다. 푸코는 마법사 노인을 향해 손을 내밀었다. 찢어진 망토를 입고 있다가는 쉽게 잡힐 테고, 그러느니 차라리 함께 가는 것이 나을지도 모른다는 생각이 들었다. 하지만 노인은 고개를 가로저으며 말했다.

"이번에도 잘했네. 그럼 다음에 또 보시게."

이번에도라니, 또 보자니. 푸코는 의아해 물었다.

"절 아시나요?"

"날 모르겠나?"

번쩍 푸코의 머리를 스치는 것이 있었다. 분명 아는 노인이다. 저 저 사람은……. 마에! 푸코가 뭐라 물을 새도 없이 펄럭하는 느낌과 함께 노인의 얼굴이 사라졌다. 대신 험상궂은 관리인의 얼굴이 보였다. 더 이상 지체할 수 없었다. 푸코는 시공간의 틈으로 뛰어들었다. 푸코의 몸은 다시 한 번 아래로 아래로 추락했다.

"끝!"

막판에 가서는 거의 숨도 쉬지 않고 읽던 동구는 속이 다 후련하다는 듯 큰 소리로 외쳤다. 녀석의 후련함과 상관없이 나는 무엇엔가 얹힌 듯 속이 무거웠다. 그러고 보니 형, 아, 대체 형은 이곳에서 무엇을 하는 것일까. 난 물을 벌컥벌컥 마시는 동구를 바라보며 물었다.

"어떻게 하면 만날 수 있니, 푸코는?"

동구는 하하하 웃더니 대답했다.

"글쎄. 열심히 기다려 봐. 곧 기회가 오겠지."

그렇다. 형은 어쩌면 이미 내가 이곳에 와 있다는 사실을 알고 있을지도 모른다. 늘 그랬듯이 형은 날 찾아올 것이다. 가슴속이 뜨거워졌다.

"앗! 큰일 났다! 너무 늦었어!"

동구의 다급한 목소리가 들려왔다.

[23] 구빈원(救貧院, hôspital)은 '병원'이라는 오늘날의 의미가 아니다. 헐벗고 가난한 이들을 받아들이는 종교 기관을 가리키다가(이때는 시립 병원과 동일한 개념이다), 유사한 세속 기관으로 의미가 확대되어 자선 시설, 구제원, 구빈원의 뜻을 갖게 되었다. 가령 hôspital des orphelins는 고아원이고, hôspital général은 모든 극빈자를 위한 자선 시설이다. 17세기부터 질병을 치료하는 곳이라는 의미가 추가되지만, 의료 기관의 의미를 분명하게 띠게 되는 것은 18세기부터이다. '병원'이라는 의미는 19세기 초부터 일반화된다. – 미셸 푸코 《광기의 역사》(이규현 옮김, 나남출판, 2003, 42쪽 참조)

[24] 《광기의 역사》중에서

[25] 사혈(瀉血, venesection)은 병의 치료를 목적으로 환자의 혈액을 몸 밖으로 뽑아내는 일을 말한다.

[26] 미셸 푸코 《말과 사물》에서 〈시녀들〉에 관한 분석 부분 중에서

# 8

# 정신병원의 탄생

얼마나 걸었던지 다리가 후들거려 걷기조차 힘들었다. 앞서가던 동구가 갑자기 멈춰 섰다.

"쉿!"

그러고는 벽에 붙으라는 손짓을 했다. 저쪽에서 웅성거리는 소리가 들렸다.

"들켰나 봐, 우리 발소리를. 언더그라운드 취침 시간이었나 봐."

동구가 낮게 중얼거렸다.

"이제 어떡해?"

와락 겁이 났다. 동구 역시 겁에 질린 표정이었다. 녀석도 이런 일은 처음인 거다. 발소리가 점점 더 가까워졌다.

"뛰어!"

갑자기 동구가 뛰었다. 나도 반사적으로 따라 뛰었다. 갈림길이 나오자 동구는 내게 반대편으로 가라고 손짓했다. 반대편을 향해 뛰어가다가 문득 나는 이 미로 같은 길을 전혀 모른다는 생각이 들었다. 급하게 돌아봤지만 동구는 이미 사라진 다음이었다. 할 수 없이 앞만 보고 뛰었다. 그때 탁! 무언가 종아리를 내리쳤고, 동시에 앞으로 고꾸라졌다. 오른쪽 종아리에 작은 깃털 달린 표창이 꽂혀 있었다. 통증을 느끼기도 전에 까무룩 정신을 잃었다.

며칠 동안 치료만 받았다. 다시 언더그라운드로 돌아온 아니 잡혀 온 셈이지만 모두들 친절했고 아무 일 없다는 듯 예전과 똑같이 대해 주었다. 그렇게 시간이 흐르고 다리도 어지간히 다 낫자 지하 2층에서 지냈던 시간이 꿈같이 느껴졌다. 동구 역시 신기루 같았다. 그리고 형은……? 몸이 나아질수록 머릿속은 더 복잡해졌다.

며칠 후 의사 선생님이 나타났다. 선생님 역시 아무 일 없었다는 듯 편하게 대해 주었다.

"기분이 괜찮으면 이야기 좀 할까?"

선생님은 침대 옆으로 의자를 끌어다 앉더니 부드럽게 물었다. 나는 고개를 끄덕였다.

"나한테 뭐 묻고 싶은 것이 있나?"

동구와 지하 2층, 아니면 푸코에 대해 물을 것이라 생각했던 예상은 보기 좋게 빗나갔다.

"여기가 어디라고 알고 있지?"

그 질문에는 이미 많은 것이 들어 있었다. 내가 언더그라운드에 대해서 안다는 사실을 이미 선생님은 파악하고 있었다.

"여기가 언더그라운드인가요?"

나도 모르게 목소리가 기어 들어갔다.

"언더그라운드라면 어떤 곳을 말하는 거지?"

나는 침착하게 알고 있는 것에 대해 설명했다. 내가 본 교정원 사람들, 동구에게서 들은 정신병원, 그리고 아무도 지상으로 돌아간 적이 없다는 사실까지. 선생님은 내 이야기에 별 반응을 보이지 않았다. 그런 덤덤한 반응이 날 더 초조하게 했다. 입안이 바짝 말라 와 나도 모르게 쩝쩝댔다.

"뭘 좀 마시겠나?"

얼른 고개를 끄덕였다. 함께 온 간호사가 주스를 내왔다. 딸기를 갈아 만든 생과일 주스였다. 나는 벌컥벌컥 단숨에 마셨다. 마지막 한 모금을 넘길 때쯤 무언가 이물질이 목구멍에 걸리는 느낌이었다. 뭐지? 컥컥 겨우 이물질을 넘기자 선생님은 아무 말 없이 자리에서 일어났다. 난 좀 당황스러웠다. 해명이라도 있을 줄 알았는데 선생님은 모든 것을 인정하는 태도였다. 다시 목이 말라 왔다.

"이제 어떻게 해야 하나요?"

다급하게 물었다.

"음……. 걱정 말게, 우리가 다 알아서 할 테니."

의사 선생님이 돌아간 후에도 불안한 마음은 가라앉지 않았다. 침대에 누웠지만 잠이 오지 않았다. 끝나지 않을 듯 길기만 한 밤이었다. 언젠가 형이 사라졌던 그 밤처럼.

"꼬끼오!"

귀청이 떨어질 듯 큰 소리에 번쩍 눈을 떴다.

"으악!"

퀭한 눈이 코앞에서 껌뻑거리고 있었다. 깜짝 놀라 뒤로 물러서자 남자는 다시 다가와 큰 소리로 또 외쳤다.

"꼬끼오!"

그러더니 이제 볼일이 끝났다는 듯 몸을 돌렸다. 둘러보니 오래된 유럽식 건물 안에 사람들이 옹기종기 모여 있었다. 동구가 이야기한 그 정신병원임을 직감할 수 있었다. 선생님이 다 알아서 한다는 건 이런 것이었다. 그렇다면 동구도 있을지 모른다. 나는 동구를 찾아 사람들 사이를 돌아다니기 시작했다.

사실 병원이라고 했지만 영화 같은 데서 본 수용소랑 크게 다르지 않았다. 다만 사람들이 쇠사슬에 묶여 있지 않고, 목욕을 자주 했는지 대부분 깨끗하다는 것이 다르다고나 할까. 형 말처럼 어디선가 19세기 냄새가 나는 것 같았다. 그때 누군가 뒤에서 팔을 잡았다. 돌아보니 서글서글한 인상의 한 남자가 서 있었다.

"누구세요?"

남자는 잡았던 팔을 놓으며 정중히 이야기했다.

"예, 저는 이곳 관리인입니다. 환자 관리를 맡고 있습니다."

난 당장 궁금한 것부터 물었다.

"물어볼 게 있습니다. 최근에 여기 새로 들어온 사람이 저 혼자 뿐입니까?"

"네. 제가 알기로는 그렇습니다."

동구에 대해서는 모르는 눈치였다. 이번엔 남자가 말했다.

"다 둘러보셨습니까?"

이 안을 다 둘러봤냐는 뜻이었다. 그렇지는 않지만 일단 나는 고개를 끄덕였다.

"그럼 함께 가시죠."

"어디를……?"

"교육을 받아야 합니다. 우선 병원의 유래에 대한 다큐멘터리를 보아야 합니다."

"교육을 왜 받아야 하는데요?"

"거기까지는 저도 모릅니다."

"누가 시켰나요?"

"물론 원장님입니다, 피넬 원장님."

내가 망설이자 남자는 다시 내 팔을 잡았다. 이번에는 은근히 힘을 주었다. 잔말 말고 따라오라는 뜻이었다.

어둡고 작은 방 안에는 텔레비전 모니터에서 나오는 푸른빛뿐이었다. 남자는 자신을 그냥 영국인 대위로 부르라고 했다. 영국인 대위가 대체 여기서 뭘 하고 있는 건지. 19세기의 원칙을 따르는 정신병원이라며 텔레비전은 또 뭔가. 앞뒤가 맞지 않는 느낌이 들어 찜찜해하는데, 음악과 함께 미끈한 성우의 목소리가 흘러나왔다.

"다큐멘터리 〈해방의 순간〉!"

저건 뭐 19세기 풍도 아니고 21세기 풍은 더더욱 아닌 촌스럽기 그지없으니 말이다. 다큐멘터리는 몸은 불편하나 위엄 있어 보이는 남자가 지하 감옥에 들어서는 모습에서 시작되었다. 이어서 중후한 목소리의 내레이션이 흘러나왔다. 약 30분 정도 되는 조금은 지루한 내용을 요약하면 이렇다.

18세기 말, 프랑스 대혁명 직후다. 비세트르의 지하 감옥에 혁명 정부의 실력자인 꾸통이 들어선다. 꾸통은 중풍으로 몸이 불편한 상태다. 공포 정치의 주역인 그를 보고 사람들은 모두 두려움에 떤다. 꾸통은 이 지하 감옥에 지명 수배자가 숨어 있는지 알아보고 있다. 안내를 맡은 사람은 의사 피넬이다. 피넬은 평소에도 정신병자를 감옥에서 풀어 줘야 한다고 주장한 의사다. 피넬은 발작 증세가 있는 광인의 방으로 꾸통을 안내한다. 꾸통은 이곳에 있는 환자를 하나하나 심문하기 시작한다. 그러나 불가능한 일이다. 오히려 광인들은 불경한 말을 주저 없이 해 대면서 꾸통을 모욕한다. 피넬의 주장을 익히 알던 꾸통은 피넬에게 물었다.

"저런 짐승들을 풀어 주자고 주장하다니, 당신 미치지 않았소?"

피넬은 침착하게 대답한다.

"광인들이 저토록 통제 불능인 이유는 그들에게서 신선한 공기와 자유를 박탈했기 때문입니다."

꾸통은 피넬을 빤히 본다. 그러고는 자신의 배포를 과시하듯 말한다.

"좋소! 당신 마음대로 해 보시오. 난 당신이 당신 가설의 희생자가 되지 않기만을 바랄 뿐이오."

꾸통이 떠나자마자 피넬은 광인들의 쇠사슬을 풀기 시작한다. 그는 우선 열두 명의 정신병자를 풀어 준다. 그중에는 40년 동안 비세트르의 지하 감옥에 갇혀 있던 영국인 대위도 있다. 그는 이 병원에서 가장 흉포한 광인이다. 예전에 수갑으로 관리 보조원 한 명을 때려 즉사시킬 정도였다. 피넬은 그에게 다가가 조용하지만 단호한 목소리로 말한다.

"아무에게도 해를 끼치지 말고 얌전히 있으시오. 만일 이를 지킨다고 약속하면 쇠사슬을 풀어 주겠소. 뿐만 아니라 산책도 할 수 있게 해 주겠소."

그 영국인 대위는 순한 눈으로 고개를 끄덕거린다. 이윽고 피넬은 천천히 그의 쇠사슬을 풀어 준다. 몸에서 쇠사슬이 풀리자 영국인 대위는 밖으로 뛰쳐나간다. 그는 밝게 빛나는 햇빛을 바라보며 소리를 지른다.

"아름답구나!"

피넬이 비세트르 지하 감옥에서 정신병자의 쇠사슬을 풀어 준 바로 이 순간이, 정신병자가 감옥에서 해방되는 역사적 순간이다. 이것은 근대적인 정신병원의 탄생이자 동시에 근대적인 정신의학의 탄생을 알리는 상징적인 사건이기도 하다.

화면 속에 보였던 영국인 대위는 조금 전 그 남자였다. 그러고 보니 이건 다큐멘터리가 아니라 무슨 재연 비디오 같은 것이었다. 영국인 대위 역할이 꽤 자랑할 만한 일인지는 모르겠으나, 아무튼 자신을 그렇게 소개한 그 남자가 좀 유치하게 느껴지기는 했다.

비디오 시청이 끝난 지 한참이 지났는데도 아무도 오지 않았다. 문을 열고 밖을 내다봤지만 아무도 없었다. 다시 문을 닫으려는데 마치 누군가가 문을 지긋이 당기는 것처럼 잘 닫히지 않았다. 이상하다 싶어 힘을 주다가 헉 뒤로 넘어질 뻔했다. 다시 자리로 돌아가자 마침 텔레비전에서 "잠시만 기다려 주세요." 하는 성우의 목소리가 흘러나왔다. 기다리라는데 기다려야지 할 수 있나. 뭐 하는 짓인가 싶기도 하고 앞으로 어찌될까 싶기도 해 슬슬 초조함이 몰려왔다.

"해방이라……. 뭐 시각에 따라서는 그럴 수도 있지."

이번엔 조금 쉰 목소리였다. 사람은 보이지 않고 목소리만 들려서 또 텔레비전에서 나오는 소리려니 생각했다. 난 텔레비전을 쳐다봤다.

"그래, 사실 18세기 말을 지나면서 구빈원에 감금된 자들을 대대적으로 석방했지. 그렇다고 광인과 죄수들까지 풀려난 것은 아니야. 죄수는 죄를 지었기 때문에, 광인은 사람들의 혐오감 때문에 여전히 갇혀 있어야 했지. 그러자 이번에는 죄수가 광인을 혐오하기 시작했어. 이미 감옥에 갇힌 것만으로도 충분한 처벌인데 광인과 함께 있어야 한다면 그것은 이중 처벌이라고 비난을 했지. 그 덕분에 광인을 죄수로부터 분리하여 정신병원에 수용하기 시작했어. 광인을 위해서 정신병원에 수용한 게 아니라는 이야기야."

'결국 그렇게 된 것이었구나.'

난 고개를 끄덕거리며 그 목소리에 귀를 기울였다. 잠시 숨을 고르더니 쉰 목소리는 이야기를 이어 갔다.

"광기를 정신 질환으로 보게 된 것은 19세기에 정신분석학이 발달한 덕분이지. 이때부터 광기를 병으로, 그러니까 정신 질환으로 취급한 거야. 광인을 정신병원에 수용이 아닌 입원을 시켜 치료의 대상으로 생각하게 된 것이네."

"그렇게 된 거군요. 요즘처럼 광인을 치료해야 할 환자로 생각한 것은 근대에 들어와서라는 거죠?"

"그렇다고 할 수 있지."

어라, 그러고 보니 목소리가 대답을 한다. 얼떨결에 나온 질문인데 대답을 하다니. 생각해 보니 그 목소리가 텔레비전 쪽에서 나온 것 같지는 않았다. 앞쪽에서 약간 비스듬히 떨어진 곳에서 들려왔다. 나는 그쪽을 향해 물었다.

"거기, 누가 있나요?"

"어허, 움직이지 말고 자연스럽게 내 말을 듣게."

진짜로 누군가 있다. 놀라서 몸을 반쯤 일으켰다.

"누구세요?"

"어허! 앉게. 아무것도 안 들리는 듯 자연스럽게 행동하라니까. 일단 안쪽으로 자리는 옮기게. 모니터 빛이 닿지 않는 좀 더 어두운 곳으로."

어두운 안쪽으로 옮겨 앉았다. 목소리의 말투는 부드러웠지만 힘이 있었다.

"난 푸코가 보내서 온 사람이네."

나도 모르게 입이 딱 벌어졌다. 형이 보낸 사람이라니!

"지금부터 조용히 듣기만 하게. 안 그러면 내가 여기 있다는 것을 들킬 수도 있으니까."

"누구한테요?"

대체 누가 날 본단 말인가.

"지금 이 방에는 감시 카메라가 있네. 그러니까 자네의 일거수일투족을 이곳 관리인이 보고 있지. 다행히 소리는 녹음되지 않는다네. 지금은 어두운 곳에 앉아 있어서 자네 행동이 확실하게 보이지는 않겠지. 그래도 조금이라도 이상한 행동을 하면 의심받을 수 있다네."

나는 침을 꼴깍 삼켰다. 목소리는 다시 침착하게 설명했다.

"오늘 밤 인원 점검을 한 후 각자의 방으로 돌아가는 사이에 내가 자네를 데리러 가겠네. 관리인이 인원 점검하러 갈 때 내가 들어갈 수 있도록 문을 열어 놓게. 그때가 정신병자들이 모여 있지만 숙소 문이 잠기지 않는 유일한 순간이지. 지금부터 천천히 자연스럽게 일어나서 저 문을 열게. 난 내 몸을 감출 수 있지만, 그렇다고 벽을 통과하는 재주까지는 없다네. 아까도 자네가 문을 연 틈을 타 들어왔지. 자, 일어나게. 마치 그냥 궁금해서 밖을 내다보는 사람처럼 자연스럽게."

나는 확인하고 싶었다. 푸코라는 사람이 형이 맞는지. 한 가지 질문을 하면 좀 더 확실할 것이다. 나는 천천히 일어났다. 그리고 어두운 쪽으로 아예 몸을 돌려 재빨리 물었다.

“그런데 광인을 병자로 취급하기 시작했다는 얘기도 푸코라는 사람이 한 건가요?”

난 최대한 자연스럽게 몸을 돌려 문 쪽으로 걸어갔다. 목소리는 대답했다.

“그렇다네. 하지만 우리가 실제로 함께 겪은 일이니 그저 200년 전에 일어났던 사실이라고 해야겠지.”

함께 겪었다고? 대체 이 사람은 누구일까? 하지만 물어볼 수가 없었다. 난 문을 열고 밖을 내다보는 척했다. 순간 무언가 슥 하고 나를 스치는 느낌이 들었다.

“난 마에라고 하네.”

나를 지나치는 느낌 속에서 목소리가 말했다.

마에? 마에……. 아, 마에! 형이 말한 그 노인? 머리를 한 대 맞은 듯했다. 얼마 후 영국인 대위가 들어왔다. 그는 자신이 늦은 이유를 뭐라 뭐라 설명했지만, 이미 머릿속이 뒤죽박죽돼 버려 잘 들리지 않았다. 아무튼 나는 그를 따라 방에서 나왔다. 복도를 돌아 계단을 올라가는데, 초상화가 벽에 죽 걸려 있었다. 영국인 대위의 초상화도 있었다.

“당신 초상화도 있네요?”

나는 스스럼없이 물었다. 초상화 속 그의 모습은 지금보다 약간

젊어 보였다.

"네. 지금보다 훨씬 젊었을 때입니다. 막 관리인으로 임명받고 그 기념으로 얻은 초상화지요. 수용돼 있던 사람들 중에는 제가 제일 처음으로 관리인이 되었으니까요."

그는 겸연쩍어 하며 대답했다.

"처음이라니요? 19세기에 관리인이 된 영국인 대위가 있잖아요. 아까 텔레비전에서 봤는데……."

"그러니까요."

그는 아무렇지도 않은 듯 대답했다. 쿵! 또 무언가가 머리를 쳤다.

"그럼 이곳 원장님은……."

"네. 피넬 원장님이십니다. 제일 앞에 있는 초상화의 주인공이기도 하지요."

"그분이 아직도 여기서 원장님을 하신다는 건가요?"

"물론입니다."

영국인 대위는 아직도 그걸 몰랐냐는 표정이었다.

"저기……. 실례지만 몇 살이세요?"

"제 손목에서 쇠사슬이 풀리던 그때가 마흔 살이었습니다. 계산해 보면 되겠지요?"

영국인 대위는 돌아서서 계단을 마저 올라갔다. 난 정말, 정말 이해한다. 이상한 나라에 간 앨리스의 기분을. 영국인 대위가 나를 데려간 곳은 '명상의 집'이라는 건물이었다. 앞으로 내가 머물 곳이라고 했다. 영국인 대위는 이곳의 역사에 대해 설명했다.

"이곳은 근대적 정신병원의 창설에 있어서 또 하나의 전설적인 인물인, 영국인 윌리엄 튜크 선생님이 원장으로 계시는 '명상의 집'입니다. 이곳의 분위기는 병원이라기보다 퀘이커 교도의 공동체와 더 비슷할 겁니다. 여기에도 하나의 특별한 사건이 있었습니다. 튜크 선생님이 '명상의 집'에 처음 부임했을 때, 젊은 조증 환자가 한 명 있었습니다. 얼마나 힘이 세고 거친지 주위 환자들뿐만 아니라 관리인들까지도 두려움에 떨었습니다. 선생님이 그를 처음 보았을 때, 그는 사슬과 밧줄에 묶여 있었고 수갑까지 차고 있었습니다. 선생님은 곧바로 관리인들에게 명령했습니다. 그에게서 모든 구속 장치를 제거하라고 말입니다. 그러고는 자유롭게 식사하는 것을 허용했습니다. 그러자 바로 그의 발작이 그쳤습니다. 그 후 '명상의 집'에서는 환자들이 최대의 자유와 안락함을 누렸고, 규칙을 어기지 않는 한 어떤 제재도 받지 않았습니다."

나는 이곳에 문이 어디에 있는지 오늘 내가 자야 할 숙소가 어딘지가 더 궁금해 영국인 대위 말이 귀에 잘 들어오지 않았다. 눈치를 챘는지 잠시 숨을 돌린 그가 다시 이야기를 이어 갔다.

"또 하나의 유명한 에피소드[27]가 있는데, 얘기해 볼까요? 관리인과 함께 정원을 걷고 있던 조증 환자가 갑자기 심한 발작을 일으켰습니다. 그는 커다란 돌을 하나 집어 들었습니다. 그리고 당장이라도 관리인에게 돌을 던질 태세였습니다. 하지만 관리인은 침착하게 대응

했습니다. 그는 걸음을 멈추고 환자를 쏘아보면서 다가갔습니다. 그런 다음 침착하고 단호한 목소리로 돌을 내려놓으라고 명령했습니다. 그러자 환자는 힘없이 손을 아래로 내리고는 돌을 바닥에 떨어뜨렸습니다. 그러고는 관리인에게 몸을 맡겨 그가 이끄는 대로 조용히 자기 방으로 되돌아갔습니다."

그는 무척이나 자랑스럽게 말했다. 그 말을 듣는 순간 나는 광인을 다루는 뭔가 새로운 것이 생겨났음을 느꼈다. 예전에는 물리적인 힘으로 다루었다면 이제는 뭔가 좀 다른 힘 말이다. 쏘아보는 시선이나 말 한마디 같은 것에서 나오는 힘이라고나 할까. 아니면 관리인이라는 지위가 갖고 있는 힘이라고나 할까. 흔히 말하는 권위나 권력 같은 것? 아무튼 19세기는 광인에게 새로운 시대였던 듯싶다. 하지만 당시엔 새로운 것이 지금의 우리에게는 무척이나 익숙하다. 지금이나 그때나 그다지 달라진 것이 없기에 드는 생각이다.

'명상의 집' 원장은 튜크라는 사람이다. 맞다, 바로 19세기의 그 튜크 말이다. 대체 난 지금 어디에 와 있는 것일까. 이곳의 시간은 어디로 흐르는 것일까. 궁금해할 새도 없이 바로 작업장으로 갔다. 쇠사슬은 풀렸지만 여전히 환자들은 규칙적인 노동을 해야 했다. 물론 정신병원이기에 이곳에서의 노동은 하나의 치료 수단이었다. 신체적 수고를 동반하는 노동은 환자의 발작이나 환상을 억제하는 가장 좋은 방법이라는 설명이 덧붙여졌다. 그러나 내가 보기에 노동 그 자체보다는 의사나 관리인의 존재 자체가 환자들의 발작이나 환상을 억제하는 듯했다. 환자들이 그들에게 갖는 순종하는 마음이나 존경심 같은 것이 말이다.

딱 반나절 이곳에 있었는데도 분위기가 대충 파악됐다. 영국인 대위의 말대로 대부분의 광인은 얌전하고 순종적이었다. 언뜻 보면 광인인지 아닌지 구분이 가지 않을 정도였다. 이곳에서는 환자를 완전히 어린애처럼 다루었다. 광인들은 넘치는 자신의 힘을 억제하지 못하여 위험한 일을 벌이기도 했고, 반대로 힘든 일을 쉽게 해내기도 했다. 흥미로운 것은 그에 따른 처벌과 보상이 즉각적으로 이루어진다는 점이었다. 일단 의사나 관리인의 말에 광인이 복종하도록 만든 후, 잘했을 때는 칭찬한 다음 일을 시켰다. 이곳에선 가족이라는 개념이 강조되면서 가족 공동체 같은 분위기를 풍겼다. 가족이라는 개념은 광인들에게 도덕적인 분위기를 제공했다.

하지만 동시에 불평등한 면도 있었다. 의사나 관리인은 부모 역할을 맡았고, 광인은 미성년자 자녀 역할을 맡았기 때문이다. 당연히 모든 권한은 의사나 관리인처럼 이성이 있는 사람들이 갖고 있었다. 이성이 없는 광인은 이성을 가진 사람들이 만든 규칙에 따라 움직여야 했다. 광인들은 이성적 권위를 가진 사람에게 전적으로 내맡겨진 셈이었다.

광인들에게 이성적 인간은 성인의 모습이자 도달해야 할 목표였다. 언뜻 봐도 가족이라는 개념 때문에 오히려 광인들에 대한 소외가 더욱 심해진 것을 알 수 있었다. 예전의 구빈원에서는 이성이 있는 사람들과 광인들 사이의 지위나 위계가 이렇게까지 구체적이지는 않았다. 이 '명상의 집'에서 광인은 심리적인 미성년자가 되어 이성적 인간의 권위에 완전히 복종하고 있었다. 여기서는 이성적 인간이 성인, 더 나아가서 아버지라는 구체적 모습을 띠었다.

저녁 식사 시간을 알리는 종이 울렸다. 어느새 다른 사람들은 식당으로 갔는지 작업장엔 나뿐이었다. 서둘러 달려간 식당은 너무나도 조용했다. 움직이는 소리 외에는 누구도 떠들지 않아 비현실적으로 보이기까지 했다. 자세히 보니 식당에는 광인만 있는 것이 아니었다. 관리인, 간호사, 의사가 모두 함께 식사를 했다. 나는 긴장을 풀까 싶어 앞에 앉은 한 환자에게 살짝 물었다.

"여기 온 지 얼마나 되셨나요?"

그는 고개를 들어 나를 보더니 아무 말 없이 옆으로 눈길을 옮겼다. 옆에는 의사 가운을 입은 사람이 앉아 있었다. 그 의사가 내게 말했다.

"모른답니다."

왜 자기가 대답하고 난리람. 솔직히 말하면 앞의 환자도 동시에 뭐라고 말하긴 했다. 그런데 들리는 건 의사 목소리뿐이었다. 은근슬쩍 의사를 무시하면서 이번엔 옆에 앉은 환자에게 물었다.

"어디가 아프세요?"

그러자 그 환자도 똑같이 의사를 쳐다봤다. 그러더니 또 의사가 대답했다.

"히스테리입니다."

하지만 옆에 앉은 환자가 자신은 아프지 않다고 한 듯싶다. 들리진 않았지만 어쩐지 예감이 그랬다. 난 다시 한 번 물었다.

"환자가 아니라고요? 건강하시다고요?"

다시 의사 목소리가 들렸다.

"히스테리입니다."

의사 목소리가 더욱 커졌다. 옆의 환자가 낼 법한 소리는 아예 묻혔다. 나는 화가 났다. 너무 답답해 옆의 환자에게 소리쳤다.

"말을 하라고요, 말을!"

그러자 그 환자는 고개를 들어 나를 보았다. 너무 놀라 나도 모르게 뒤로 물러났다. 그 남자에겐 입이 없었다. 앞의 환자를 보았다. 역시 입이 없었다. 나는 벌떡 일어나 주변을 보았다. 환자 모두 입이 없었다. 입 없는 환자들이 하나둘 자리에서 일어나 나를 향해 걸어왔다. 좀비처럼 흐느적거리며 말이다. 입이 없는데도 그들은 분명 무슨 말을 하고 있었다. 하지만 의사와 간호사의 목소리에 가려 무슨 소린지 잘 들리지 않았다. 나는 그 이상한 소음에 머리가 터질 것 같았다. 어디선가 댕댕 종소리가 들렸다.

꿈이었다. 땀에 흠뻑 젖어 눈을 뜨자 종소리가 울렸다. 시간을 보니 점호 시간을 알리는 종소리였다. 어디부터 어디까지가 꿈인지 확실하진 않았다. 무서운 꿈이었다. 입이 사라져 그들의 언어를 잃어버린 채 영원히 침묵 속에 갇혀 버린 환자들이라니……. 더 이상 이러고 있을 여유가 없다. 곧 점호 시간이 아닌가. 드디어 때가 왔다. 꿈속에서 겪은 공포에 탈출을 앞둔 초조함까지 더해져 긴장이 심해졌다. 어떻게든 한 번에 성공해야 한다는 생각뿐이었다.

잠시 후 문이 열리고 관리인이 들어왔다. 나는 발을 슬쩍 밀어 넣어 문이 닫히지 않게 해 놓았다. 인원수를 점검하고 자기 전 기도를 마치자 관리인은 소등하라는 명령을 했다. 불이 꺼짐과 동시에 무언가 나를 휙 덮는 느낌이 들었다. 우리는 관리인이 나가기 직전에 아무런 기척도 내지 않고 방을 빠져나왔다. 누가 무엇으로 날 덮었는지 확인할 새도 없이 발소리를 낮춰 뛰었다. 복도 모퉁이를 돌자 같이 뛰던 사람이 내 등을 떠밀었다. 허공을 짚으며 나는 아래로 곤두박질쳤다.

[27] 1813년 윌리엄 튜크(William Tuke, 1732~1822)가 쓴 「Description of the Retreat, an Institution near York for insane persons」에 나온 한 조증 환자의 이야기.

# 9

# 시대의 진리를 의심하라

"제 생각은 다릅니다! 피넬과 튜크 그들이 광인을 해방시켰다고 추켜세우는 것은 전적으로 오해에서 비롯된 일입니다."

형은 단호히 말했다. 예상대로 푸코는 형이었다. 멀리 있었고 그새 자란 머리카락이 얼굴을 가렸지만 한눈에 알아볼 수 있었다. 목소리나 말투도 형이었고, 옷도 예전에 지독한 냄새를 풍겼던, 모자 달린 수사의 갈색 망토 그대로였다. 이곳에 도착했을 때는 이미 토론회가 시작된 후였다. 형은 내가 온 것을 알까.

쉰 목소리가 스스로 말했듯이 나를 데리러 온 사람은 마에였다. 형이 예전에 그랬던 것처럼 나도 마에 할아버지의 투명 망토를 덮고 이곳까지 무사히 올 수 있었다. 마에 할아버지는 뭐가 그리 바쁜지 바로 어딘가로 사라졌다. 덕분에 나는 토론회를 경청하는 것 말고는 달리 할 일이 없었다. 처음에는 좀 얼떨떨했지만 형을 보자 마음이 놓였다. 나는 기대감에 차서 다시 형을 바라보았다. 형은 차분하게 말을 이어 갔다.

"심지어 프랑스 살페트리에르 병원 앞에는 끊어진 쇠사슬을 손에 든 피넬의 동상이 세워져 있습니다. 그의 정신병 환자에 대한 사랑을 기리기 위해서 말입니다. 하지만 피넬이나 튜크가 정신병자를 쇠사슬에서 풀어 준 것을 박애주의나 인도주의로 찬양하는 것은 순진한 일입니다. 잘 생각해 보십시오. 햇빛도 안 들어오는 지하 감옥에서 쇠사슬에 묶여 있었지만 여러분은 어느 정도 자유로웠습니다. 난동을 부리고 싶으면 난동을, 욕설을 뱉고 싶으면 욕설을 했습니다. 주변에서도 광인이니까 그러겠거니 하면서 인정을 받았고, 때로는 마구 지껄이는 말의 진실성에 수긍하는 외부 공모자의 지지를 받기도 했습니다. 여하튼 진실의 영역에서 쫓겨나지는 않았습니다. 르네상스 시대에는 이성과 광기 사이에 대화가 있었고, 고전주의 시대에는 광기를 눌러 침묵시켰지만 광인들의 언어는 그대로 있었습니다. 그들을 수용소나 감옥에 가두거나 비록 침묵의 형태이기는 할지라도 이성과 비이성 사이에는 대화가 있었던 것입니다. 하지만 정신병원은 광기의 비밀을 알려는 의도가 아닙니다. 다만 광인을 하나의 대상으로 삼아 정상적으로 행동하게 만드는 것만을 목표로 하는, 관찰과 조처의 집합이 되었습니다. 광기와의 대화는 끝나고, 보상과 처벌의 체계 안에서 광인으로 하여금 스스로 알아서 정상적으로 행동하게 하는 조련의 기술이 그것을 대신하게 되었습니다. 이미 경험하신 분이 많겠지만, 피넬의 정신병원은 관찰, 진단, 치료가 행해지는 자유스러운 공간이 아니라, 환자로 고발되고, 재판받고, 선고받는 사실상 사법적인 장소입니다. 광기는 정신병원 안에서 처벌의 대상이며, 광인은 정신병원 안에서 영원한 수인(囚人, 옥에 갇힌 사람)입니다."

좌중은 조용해졌다. 형은 끝까지 몰아붙였다.

"사실 과거에 비이성에 대한 이성의 승리는 물리적 강제력, 다시 말해서 실질적인 싸움으로 얻어진 것입니다. 그러나 지금 광인과 비광인 사이의 싸움은 비이성의 패배가 아예 처음부터 결정되어 있는 싸움입니다. 그러므로 19세기 요양원에서 환자들에 대한 구속이 없어졌다는 것은 비이성 또는 광인의 해방이 아니라 광기가 이미 오래전에 제거되었음을 확인할 뿐입니다. 광인은 미성년자이고, 이성은 아버지라는 이런 가부장적 권위는 부르주아의 것입니다. 튜크는 부르주아 가정의 구조를 이용해 정신병원 안에 그것을 상징적으로 복원시켜 놓았습니다. 그러면 왜 광인은 의사, 간호사, 관리인, 다시 말해 이성이 있는 사람에게 꼼짝도 못하는 것일까요? 더 이상 자신에게 물리력을 쓰지 않는 데도 말입니다. 그들은 불시의 위협으로부터 스스로를 보호할 아무런 대비책도 없이 맨손으로 광인 앞으로 나옵니다. 하지만 의사나 관리인이 날카롭게 한 번 쳐다보면 광인은 바로 제압되지요. 왜일까요? 어떻게 해서 이것이 가능할까요? 그것은 바로 시선 때문입니다. 시선에는 규율, 규제, 제압의 기능이 있습니다. 그들은 이제 아무런 무기나 강제 도구도 없이 그저 시선과 언어만으로 환자를 다룹니다. 그것은 다시 말해 권위입니다. 그런 그들의 권위는 미치지 않았다는 사실에서 나옵니다. 그들은 평범한 구체적 개인이 아니라 이성을 가진 존재이기 때문이지요. 그러나 그 시선이 어떻습니까?"

대답이라도 하듯 누군가 비장한 목소리로 말했다.

"오만한 지배 계층의 싸늘한 시선이며, 광인을 소외시키는 타자의 시선입니다. 게다가 광인을 침묵 속에 가두어 놓고 자기들 맘대로 평가하고 결론 내립니다. 사람들은 더 이상 우리의 말을 들으려고 하지 않습니다."

나는 형의 이야기에 빠져들었다.

"네, 그렇습니다. 이제 광기는 절대적 침묵 속으로 들어가게 됐습니다. 의사가 광인을 대신해서 광기에 대해, 광인에 대해 말을 하지요. 광인 역시 말을 하지만, 그 말은 아무에게도 들리지 않습니다. 의사나 간호사, 관리인, 다시 말해 훈육의 대리인만이 말할 수 있을 뿐입니다. 광기는 이제 자신을 표현할 언어마저 잃어버린 것입니다. 저는 이처럼 절대적 침묵 속에 갇힌 광기가 스스로 말을 하도록 하고 싶습니다. 다시 말해 침묵 속에서 광기를 발굴하고 싶습니다. 정신분석학은 비이성의 목소리를 들을 수도, 광인의 기호를 해독할 수도 없고, 앞으로도 없을 것입니다. 정신분석학은 광기의 몇몇 형식만을 해결할 수 있을 뿐입니다. 정신분석학은 비이성의 지고한 작업에 이방인으로 남습니다. 정신분석학은 이 작업에 고유한 바를 설명할 수 없습니다.[28] 광기는 이성의 완전한 부재인데, 사람들은 광기를 이성의 바탕 위에서 곧장 인식합니다. 하지만 광기는 다만 이성의 날카롭고 비밀스런 힘일 따름입니다. 광기는 착각의 가장 순수하고 완전한 형태입니다. 광기라는 것은 인간 추락의 궁극점은 인간의 첫 아침이고,

그 추락의 밤은 새로운 빛 위에서 끝나며, 종말은 새로운 시작이라는 인간의 오묘한 역설의 비밀을 드러내 주는 계시력입니다. 광기의 이런 면을 저는 찬미합니다!"

좌중은 더욱 조용해졌다. 그때 한 남자가 물었다.

"그런데 대체 언제 탈출할 겁니까?"

불만에 찬 목소리였다.

"저는 여러분에게 묻고 싶습니다. 우리는 준비가 됐습니다. 이 밤이 지나고 새벽이 오면 우리는 탈출을 시도할 생각입니다. 어떻습니까, 모두 함께하시겠습니까?"

사람들은 모두 동의의 목소리를 냈다. 푸코와 사람들은 언더그라운드의 기상종이 울리기 한 시간 전에 탈출을 결행하기로 한 후 각자의 자리로 흩어졌다. 이제 모든 것이 결정되었다. 몇 시간 후 이들은 대탈출을 할 것이다. 내 기분까지 비장해졌다.

"어이~."

딱히 할 일이 없어 어정쩡하게 서 있는데 동구가 나타났다. 이렇게 반가울 수가! 우리는 얼싸안으며 서로의 안부를 물었다. 생각대로 동구는 무사히 도망쳐 아지트로 돌아왔고, 평소 잘 알던 마에 할아버지에게 부탁해 나를 데려왔다고 했다. 마에 할아버지의 말대로 형 때문에 여기 오게 된 것은 아니었다. 그래도 더 이상 지체할 필요는 없었다. 나는 동구에게 푸코를 만나고 싶다고 말했다. 그리고 푸코가 친형이라는 이야기도 했다. 동구는 잠깐 놀란 표정을 지었지만 이내 또 하하 웃었다. 그러고는 또 그만이었다.

역시 형이었다. 그날 밤 나는 예전처럼 다시 형 옆에 누웠다. 너무 많은 것이 궁금해 잠이 오지 않았다.

"소감이 어때, 19세기 정신병원을 경험해 본?"

내 마음을 알았는지 형이 먼저 말을 걸어왔다.

"글쎄 아직 잘 모르겠어요. 하지만 어쩐지 19세기는 새로운 시대 같아요, 그 전과는 전혀 다른. 뭔가 이전하고 연결된 고리를 뚝 하고 끊고 다시 시작한 것 같거든요."

"맞아. 예를 들면, 18세기 중엽 폼이라는 의사가 히스테리 환자를 치료하기 위해 무지 오래 목욕을 시켰대. 목욕을 시키는 동안 그는 물기에 젖은 양피지 조직을 관찰할 수 있었다고 해. 그런데 19세기에 들어서자 폼이 발견한 '물기 젖은 양피지 조직'이라는 말은 사라졌지. 왜냐하면 이것은 지나치게 주관적이고 상징적이어서 과학에서 요구하는 객관성과 합리성을 결여한 말이었거든. 대신 뇌 주위를 감싸고 있는 '황간막'이란 표현을 사용하게 되었지. 난 한쪽은 지나치게 주관적이고 상징적이고, 다른 한쪽은 객관적이고 합리적이라고 구분할 수 있는 근거가 무엇인지 궁금했어. 질병을 정의하고 설명하는 방식 상에 커다란 단절이 19세기에 들어와 나타난 거야."

"그럼 어떤 시대에는 보이지 않던 질병을 다른 시대에는 보이게 만들거나, 또 보이던 질병을 더 이상 보이지 않게 하는 것은 무엇인가요?"

"그게 바로 내가 하고 싶은 질문이야."

형의 얼굴에 생기가 돌았다. 형은 아예 몸을 일으켜 벽에 기대앉았다. 나 역시 따라 일어났다.

"이런 갑작스런 변화는 '보이는 것'과 '보이지 않는 것'을 나누던 지식의 경계가 변화했다는 것을 의미하지. 경계가 움직이니까 의학적 지식의 영역 안에 없던 어떤 대상이 의사한테 딱 걸린 거지. 그렇다면 결론적으로 '물기 젖은 양피지 조직'이란 표현이 19세기 이후 사라진 건, 그 표현 자체를 합리적이지도 객관적이지도 못한 것으로 보는 절대적인 기준이 있는 것이 아니라, 그냥 그 시기에 배제되었을 뿐이야. 한마디로 '불연속과 단절'이 나타난 거지."[29]

불연속과 단절이라, 뭔가 설명이 이어지겠다는 느낌이 들었다.

"이런 불연속과 단절이 단지 의학 부분에만 있었을까? 그렇지 않더라고. 그런 단절은 생물학, 언어학, 정치 경제학 등 다양한 영역에서 발견돼. 그러고 보면 역사라는 게 말이지 연속적이기보다는 불연속적인 것 같아. 시랍을 봐도 그렇잖아. 광인을 초월적인 존재로 생각했다가 어느 순간부터 갑자기 쓸모없는 존재로 생각하잖아."

시랍 이야기가 새삼 정겨웠다. 나는 형에게 웃어 보였다.

"너 아직도 안 믿지, 내 시랍이야기?"

형이 놀리듯 물었다.

"아니에요! 이제는 믿어요, 형의 시랍 여행 이야기는 정말이에요."

형은 그냥 웃기만 했다. 나는 내 믿음을 적극적으로 증명해 보이고 싶었다. 그래서 궁금했던 것을 물었다.

"그런데 시랍에서 빠져나오는 열쇠는 어떻게 찾은 거예요?"

형은 그제야 그동안의 이야기가 통했다는 표정을 지었다.

"예전에 내가 힌트를 준 적 있지? 그게 뭐였지?"

"……. 시대의 진리를 의심하라!"

갑자기 탁 떠올랐다.

"맞아, 맞아. 대단한걸."

형은 내 머리를 쓰다듬더니 갑자기 청바지 이야기를 시작했다.

"예전에 찢어진 청바지는 가난하거나 단정치 못한 사람들이 입는 거였잖아. 하지만 요즘엔 일부러 멋으로 입기도 하지."

"그럼요, 완전 쏘 쿠~울이죠."

"예전에는 안 좋게 생각했던 게 지금은 왜 쏘 쿠~울이 됐을까?"

형은 내 말투까지 따라하며 반문했다. 그러게? 진짜로 궁금해졌다.

"시대가 달라져서 그래. 다양한 영역에서 존재하는 다양한 사람들의 인식을 특정한 형태를 갖게 하고, 이걸 동일한 방향으로 가게 하는 인식의 조건을 에피스테메라고 해. 기억나? 에피스테메라는 말? 예전에 내가 설명하려다 말았던 거."

그것이 정확히 에피스테메인지는 몰랐지만, 그 비슷한 이야기를 들은 기억은 있었다. 난 고개를 끄덕였다.

"다시 말해서, 한 사회 안에서 '이것은 이상(理想)이다.'라고 제시하는 기준이 바로 에피스테메야. 그러니까 에피스테메는 사물을 특정한 방식으로 인식하는 인식의 질서고, 결국 사물을 특정한 방식으로 질서 지우는 사물의 질서야."

아……. 또 이해가 가지 않는다. 그래도 형의 이야기를 열심히 듣고 싶었다.

"50~60년대엔 가난을 상징했던 찢어진 청바지가 지금은 쏘 쿠~울한 옷으로 여겨지는 이유는 그 시대와 지금 시대의 에피스테메가 달라서야."

"그렇군요. 그럼 그 에피스테메라는 건 각 시대마다 다르겠네요. 아까 말한 연속성이라는 것도 없이 툭 단절되면서."

"그렇지. 그러니까 내가 경험하고 있는 그 시대의 에피스테메가 무엇인가를 알고, 그 에피스테메에 따라 문제를 풀면 시랍에서 빠져나올 열쇠를 찾을 수 있지."

"음……. 그럼 르네상스 시대를 빠져나올 때 그 호두요, 그것도 그 시대의 에피스테메랑 상관있는 거예요?"

"물론이지. 르네상스 시대에는 말이지 사물을 유사성에 의해 질서 지운 시기였어. 유사성이라는 것은 예를 들어, '호두는 뇌와 닮았다. 그러므로 호두를 먹으면 머리가 좋아질 것이다'와 같은 생각이야. 이건 호두와 뇌의 유사성에 의해 가능한 판단이지. 돈키호테를 보면 거대한 풍차와 거인을 동일시하는데, 그 근거가 둘 다 '거대한 몸집'을 가진 유사성 때문이거든. 르네상스 시대는 유사성이라는 에피스테메의 시대인 셈이지."

“그럼 구빈원에서 도망 나와서 수도원으로 갔을 때는요? 거기서 빠져나올 때는 그 시대 그러니까 고전주의 시대의 새로운 에피스테메에 따랐겠네요.”

“바로 그거야. 16세기를 전후해서 사물을 표상으로 환원하는 사고방식이 두드러졌지. 나무라는 말을 들으면 우리 의식에 나무가 떠오르잖아? 그런 걸 표상이라고 하지. 그래서 그 시대는 표상이라는 에피스테메의 시대라고 할 수 있어. 그 수도원에 걸려 있던 그림, 기억나지? 그 그림의 제목은 〈시녀들〉인데, 그것은 어떤 사물에 대한 표상이 아니라 표상에 대한 그림이야. 누구에 대한 표상이냐면 표상 체계 자체의 표상이라는 말이지. 그림이 표상하는 사람들, 그러니까 펠리페 4세랑 마리아 여왕은 존재하지 않잖아. 이렇게 고전주의적 재현에는 이제 더 이상 왕족과 같은 주체가 필요하지 않았던 거야. 주체는 단지 그것이 보이지 않는 것, 즉 표상 그 자체를 통해서만 가시적이 될 수 있던 거지. 그런데 이런 표상의 질서를 정립하기 위해서는 ‘동일성과 차이’를 분명히 하는 것이 중요해. 유사성이 동일하다는 의미는 아니잖아. 즉, 유사성에 근거한 돈키호테의 사고방식은 이 시대엔 결코 용납될 수 없었던 셈이지. 결국 동일성과 차이를 분별해서 사물을 질서 지우는 ‘이성’이라는 것이 인식의 중심에 자리 잡았고, 동일성과 차이의 체계는 하나의 분류표[30]로 귀착되지. 이런 점에서 표(tableau)가 고전주의 시대의 에피스테메를 요약해 준다고 할 수 있어. 내가 수도원에서 나올 때 벽에 걸려 있던 미완성 표를 완성할 수 있었던 건, 그 시대에 맞는 분류에 따라 표를 채웠기 때문이야. 더 이상 동물을 전설이나 우화 속 이야기에 의해서가 아닌 종으로 분류하던 시기였으니까. 그래서 동일성과 차이를 기준으로 분류해 각 동물 카드로 표를 채웠지."

역시 형은 천재다. 모르는 게 하나도 없다. 그럼 이곳 언더그라운드는?

"우리는 지금 19세기에 와 있는 셈이고, 그럼 이 언더그라운드의 에피스테메는 무엇이에요? 고전주의 시대랑은 다른가요?"

"물론 다르지. 우리는 19세기를 근대라 부르지. 이 시대의 에피스테메는 18세기 말부터 나타나는데, 이제는 표상으로 환원되지 않는 실체가 인식의 중심에 자리 잡아. 나무라는 말을 들으면 우리는 나무를 떠올릴 수 있잖아. 줄기가 있고 잎이 있고……. 뭐 그런."

"네. 지금 제 머릿속에도 우리 집 앞에 있던 나무가 떠올라요."

"그런데 노동을 예로 들어 볼까. 노동 그러면 노동 자체가 가지고 있는 표상, 쉽게 말해 모양이 없잖아. 또 생명이나 언어 같은 것도 개인의 표상으로 환원되지 않지. 하지만 이런 것들은 있긴 있으니까 객관적 실체로 간주되잖아. 그러니까 근대에 들어서는 더 이상 동일성과 차이에 따른 도표보다는 숨겨져 있는 거대한 힘이 중요한 문제로 대두돼. 이런 의미에서 이 시대는 '실체의 에피스테메' 시대라고 할 수 있지."

좀 어렵다. 또 용량 초과다. 이미 내 표정은 멍해졌다. 형은 그런 날 보고 씩 웃더니 엉뚱한 소리를 했다.

“너 그거 알아, 18세기 이전까지 인간은 존재하지 않았다는 거?”

“에이, 그게 말이 돼요? 어느 때든 사람들은 다 살았잖아요.”

“그럴까? 노동, 생명, 언어 같은 객관적 실체는 근대에 나타났는데, 그런 것의 집약점이 바로 ‘인간’이라는 인식이거든. 근대의 에피스테메는 인간 자체를 역사적 주체로 연구해. 그 결과 인간이 사고의 중심에 들어섰지. 이런 점에서 ‘인간’은 근대의 산물이자 동시에 근대의 에피스테메를 집약하는 키워드라고 할 수 있지.”

그럴싸한 말이었다.

“그럼 인간은 인류의 비교적 최근 발명품이라는 말인가요?”

“그렇지.”

확신에 찬 대답에 이어 형은 이번엔 충격적인 이야기를 했다.

“최근의 발명품일 뿐 아니라 아마도 종말에 가까운 발명품일걸. 머지않아 인간은 해변의 모래 얼굴처럼 사라질 거야.”[31]

헉! 인간이 사라진단다. 지구의 종말 따위와는 차원이 다르지만 어쨌든 충격이다.

“그걸 어떻게 확신해요?”

“확신하지. 인간은 고전주의 시대 말에 지식의 영역을 지탱하는 원리로 나타났을 뿐이니까, 그 지식 영역이 다른 방식으로 합성될 때는 필연적으로 사라질 수밖에 없지.”

거사를 코앞에 두고 이런 우울한 이야기라니, 나는 분위기를 바꾸고 싶었다.

"그럼 그 에피스테메는 어떻게 한 사회에 영향을 미치는데요?"

형은 기특하다는 표정으로 나를 쳐다봤다. 그럴 만하다. 그 똑똑한 형과 대화라는 걸 하고 있으니. 그런 내 자신이 너무 신기했다.

"에피스테메가 한 사회를 통제하는 것은 담론(談論)이라는 것을 통해서야. 17세기에 권력이 광기를 이용해 사람들을 배제했을 때 그것을 밑받침했던 것도 담론이야."

"그게 뭔데요?"

"담론이라는 개념은 중요해. 담론이라는 말은 영어로는 '디스코스(discourse)'인데, 이 디스코스를 번역하면 '힘을 실은 말'이라는 뜻이야. 사실 말이라는 게 철저하게 힘의 관계에 의해 지배받거든. 예를 들어, 친구가 연예인 누가 교통사고를 냈다고 말하면 미심쩍지만, 그게 뉴스에 나오면 100퍼센트 믿게 되지. 그렇게 힘이 실린 말을 담론이라고 해."

"언더그라운드에서도 의사 선생님의 말이 최고로 힘이 세요."

"그래. 그런 면에서 한 사회를 주도하는 인물들의 담론은 다른 사람들의 담론을 규정한다고 볼 수 있어. 아무나 말이나 다 통용되는 것은 아니야. 이건 언론의 자유가 있느냐 없느냐의 문제가 아니야. 언론의 자유가 100퍼센트 허용된 사회라고 해도 힘 있는 자의 담론이 그 사회를 지배하고, 힘이 곧 정의가 되는 거지. 누가 말하는가, 무엇을 통해 말하는가에 따라 현실 세계에서의 영향력은 크게 달라져.

또 한 명이 이야기하는 것보다 여럿이 똑같은 이야기를 해야 비로소 말이 살고 힘이 실리지. 누가 누구랑 사귄다더라 하는 말을 너 혼자 하면 아무 힘이 없지만, 여럿이 이야기하면 힘이 생기지. 이걸 이야기 구성체[32]라고 말하기도 해. 이렇게 힘 좀 쓰는 말은 지식을 가능케 하지. 힘 있는 말이 진리요, 지식으로 취급되는 거지. 그렇게 힘이 작용하기 때문에 세상을 떠도는 모든 힘 있는 말은 절대로 중립적이거나 객관적일 수 없다고 생각해. 그러니까 담론은 항상 누구의 말이 옳은지를 겨루는 싸움터라고 할 수 있지."

형의 이야기는 재밌었지만 삐져나오는 하품을 참기는 힘들었다. 내가 하품을 하자, 형도 따라서 하품을 했다.

"얘기가 길어졌는데, 아무튼 에피스테메를 알면 시공간의 틈을 열 수 있다 뭐 그런 말이야."

"그런데 여긴 어떻게 오셨어요? 여긴 시공간의 틈을 통해 오는 곳이 아니잖아요."

"넌 끌려왔지만, 나는 시공간의 틈을 통해 왔어. 고전주의 시대를 여행한 후에 19세기에는 광인을 어떻게 다뤘는지도 알고 싶어졌어. 그래서 다시 에피스테메를 활용해서 시공간의 틈을 생기게 했어. 그런데 어찌된 일인지 이쪽으로 온 거야. 처음에는 진짜 19세기에 도착한 줄 알았어. 그런데 마에를 다시 만났고, 여기가 21세기에 존재하는 지하 19세기라는 사실을 알게 되었어. 여긴 19세기에서 시간이 멈춘 곳이라 아마 시공간의 틈을 여행하는 중에 오류가 생긴 거 같

아. 그나저나 알지, 신비주의자 노인 마에?"

"네. 그 할아버지 덕에 저도 여기까지 올 수 있었어요. 암튼 신기해요. 지상은 21세기인데, 지하는 19세기라니. 그래도 위나 아래나 광기를 정신병원에서 병으로 다루는 것은 마찬가지네요."

"그래도 좀 달라진 게 있어. 19세기 이후 광기에 관여하는 권력의 정체는 정신의학이야. 정신의학은 19세기 초에 광기를 질병으로 간주하고, 또 질병으로 부각시켜서 의학이 되었어. 그 방법은 몇몇 비정상적 인물의 사례를 이용하여 징후를 분석하고, 형태를 분류하며, 병의 원인을 추적하는 것이었지. 한마디로 광기의 병리학화라고나 할까. 이렇게 해서 정신을 전문으로 하는 의학이 탄생한 거지. 그리고 의학이 질병과 맺는 대상적 관계를 광기와 맺음으로써 광인에 대한 권력 관계도 수립할 수 있었어. 그런데 이렇게 어렵사리 대상 영역의 병리학화를 이룩한 정신의학은 1850~1870년대부터 반대로 대상 영역의 탈병리학화를 시도했어. 병리학적 대상만이 아닌 모든 대상들을 다루어야 자신의 의학적 권력을 일반으로 확산시킬 수 있었기 때문이지. 그때부터 정신의학은 정신착란, 실성, 또는 질병으로서의 광기 대신 인간의 행동, 그리고 그 행동의 일탈이나 이상(異常)에 새롭게 주목했어. 이제 정신의학이 관심을 갖는 것은 인간의 정상적인 발달이 된 셈이지. 병리적이 아닌 것을 관장하는 의학 권력, 이것이야말로 정신의학의 중심적 문제니까."

나는 그동안 정말로 궁금했던 것을 물었다.

“시대마다 광인을 다르게 대한 건 이제 충분히 알겠어요. 그런데 왜 그렇게 된 걸까요?”

“결국은 광인을 대상으로 하는 지식 내용이 시대마다 달라졌기 때문이야. 그리고 그 지식은 권력, 힘으로 이어졌지. 급기야 현대에 들어서는 인신을 구속하는 권력으로 직접 작용하지. 지식이 힘이 되는 이야기는 나중에 더 자세히 하자.”

그동안 겪었던 일들이 뭔가 정리되는 느낌이 들었다. 비록 제대로 알 수는 없었지만 형의 이야기를 들으며 보낸 많은 밤들 역시 소중하게 느껴졌다.

저쪽에서 사람들이 분주히 움직이는 소리가 들렸다. 형 역시 자리를 털고 일어났다. 어느새 새벽이다. 드디어 때가 온 것이다. 나도 형을 따라갔다. 사람들은 서로 눈빛을 교환하며 마지막 결의를 다졌다. 이제 시작이다. 드디어 광인들이 해방되는 시간이다.

그때였다. 우당탕하는 소리와 함께 한쪽 벽이 뻥 하고 뚫렸다. 뚫린 벽 너머에는 완전 무장을 한 언더그라운드의 관리인이 가득 서 있었다. 그들 뒤에서 의사 선생님이 걸어 나왔다. 손에 든 볼펜 같은 물체에서 끊임없이 삑삑 소리가 났다. 그 소리는 내게 가까워질수록 점점 커지고 잦아졌다. 마침내 의사 선생님이 내 앞에 서자 소리는 삐이이이 하는 연속음으로 변했다. 속았나! 나도 모르게 몸에 추적 장치를 넣은 것이다.

아, 그 딸기 주스! 난 반사적으로 형을 바라보았다. 나의 당황한 눈빛과 형의 낭패한 눈빛이 허공에서 부딪쳤다. 나는 더 이상 형의 눈을 마주할 수 없어 고개를 돌렸다.

의사 선생님이 큰 소리로 외쳤다.

"지금부터 모두 한 줄로 서라!"

아무도 반항하지 않았다. 나도 마찬가지였다.

**[28]** 미셸 푸코 《광기의 역사》 중에서

**[29]** 미셸 푸코 《임상의학의 탄생》 중에서

**[30]** 예컨대 그 시대에 등장한 스웨덴의 식물학자 린네(Carl von Linnè, 1707~1778)의 분류학.

**[31]** 미셸 푸코 《말과 사물》의 마지막 구절.

**[32]** 이야기 구성체(Discourse Formation)는 이야기, 곧 담론이 모여서 형성되는 제3의 질서 체계를 의미한다.

# 10

# 빛이 너희를 가두리라

아지트에 있던 사람들 대부분은 교정원이나 정신병원으로 보내졌다. 형과 나는 언더그라운드의 감옥에 갇혔다. 형이야 주동자니까 그럴 수 있지만 나까지 이곳에 왜 가두었는지는 모르겠다. 아마도 형을 가두는 데 필요한 족쇄가 아닐까. 불행인지 다행인지 마에 할아버지도 이곳 어딘가에 수감되어 있다고 했다.

이 감옥에는 독방밖에 없다. 이곳에 들어온 오늘 오전부터 내내 혼자였다. 시간이 지날수록 불안하고 초조해졌다. 특히 무척 특이한 감옥의 구조가 불편했다. 나중에 감옥 책임자로부터 들어 자세히 알게 되었지만, 감옥은 2~3층으로 된 반지 모양의 원형 건물이었다. 원형의 둘레 부분을 칸칸이 나눠 한 사람을 수용할 만한 독방을 만들었고, 그곳에 죄수를 한 명씩 가두었다. 원형 건물 안쪽에는 중앙탑이 있고, 그곳에 감시인이 있었다.

중앙탑에는 원형 건물의 안쪽을 향해 여러 개의 창문이 뚫려 있었다. 감시인은 이 창문을 통해 각각의 독방을 감시할 수 있었다. 독방에는 두 개의 창문이 있었다. 하나는 안쪽을 향해 중앙탑의 창문

쪽으로 뚫려 있었고, 다른 하나는 바깥쪽을 향해 뚫려 있었다. 이 두 개의 창문은 일직선을 이루고 있어서 밖에서 들어오는 빛이 독방 구석구석에 스며들었다. 덕분에 중앙탑 창문을 통해 각각의 독방 안이 훤히 보였다. 반대로 중앙탑은 어두운 위치에 있어서 독방 안에서는 중앙탑이 잘 보이지 않았다. 그래서 이 감옥을 파놉티콘(Panopticon)[33]이라 불렀다. 그러니까 감시인이 한눈에 감방 전체를 들여다 볼 수 있는 원형 감옥이었다.

이것이 문제였다. 감시인은 손쉽게 원형 감옥의 모든 감방을 훑어볼 수 있었지만, 독방에 갇힌 우리는 중앙탑 감시인의 모습조차 볼 수 없었다. 그 감시인이 늘 나를 보고 있는 것 같아 아주 불편했다. 조명을 받으며 연극 무대에 서 있는 기분이었다. 그러고 보면 어두운 곳에 죄수를 숨겨 놓았던 지하 감옥과는 정반대로 밝은 곳에 죄수를 드러내 놓았지만 감옥으로서의 효과는 훨씬 더 높아 보였다. 더구나 이 언더그라운드는 햇빛이 없어서 인공 빛이 밤낮으로 독방 주변을 감쌌다. 그래서 죄수들은 24시간 내내 훤하게 드러내 놓고 살아야 했다.[34] 결국 우리 모두는 빛 때문에 갇혀 있는 셈이었다.

또 한 가지 특기할 만한 것은 감방의 옆면이 칸칸이 막혀 있어서 수감자들끼리는 서로 볼 수 없다는 점이다. 죄수들 사이가 연결되면 위험한 결과를 가져올 수 있어서 철저히 차단한 셈이었다. 그래서 나는 누구의 도움도 받지 못한 채 감시인의 시선을 늘 의식해야만 했다. 도무지 불편해서 한 시간도 버티기가 힘들었다.

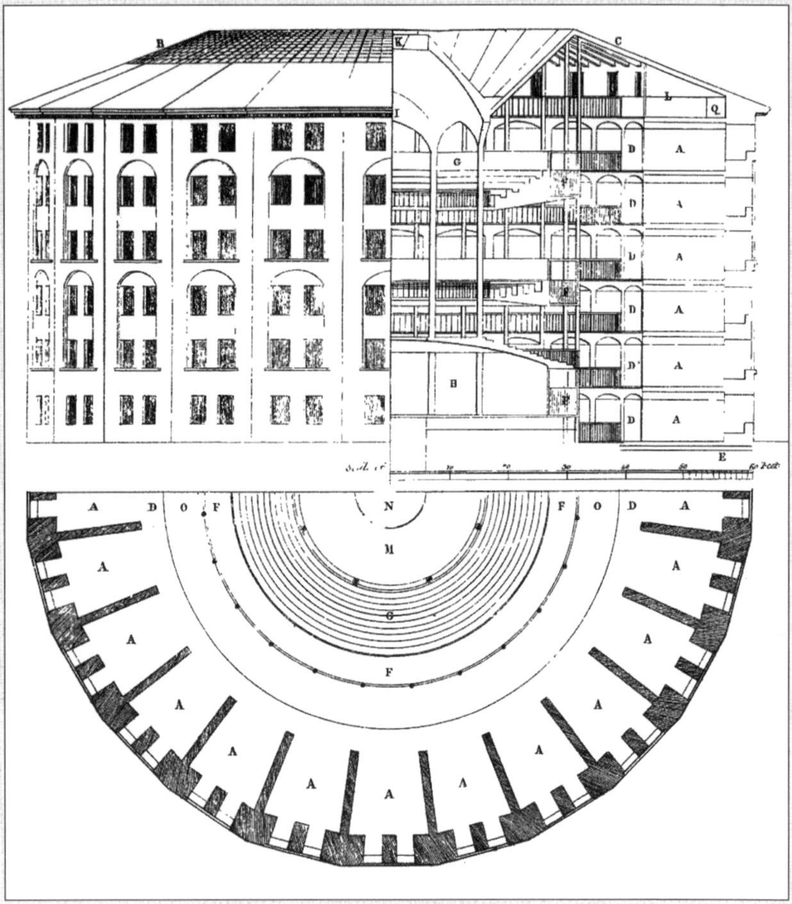


_ 제레미 벤담이 그린 파놉티콘 도면

이건 내가 완전 불리한 상황이다. 누군가 나를 속속들이 보고 있는데, 나는 날 보는 사람이 누군지조차 모른다. 누군가 날 본다는 생각 때문에 어떤 행동을 해도 되는지 끊임없이 생각해야 한다. 아……. 이건 고문이다. 나는 이 감옥의 구조 자체에 의해 교묘한 방법으로 묶인 기분이었다. 형은 어떨까, 나처럼 이런 기분일까?

다음 날, 형과 나는 감옥 책임자를 만났다. 감옥 책임자의 방으로 안내하던 남자는 책임자가 직접 수감자를 만나는 일은 아주 예외라고 영광으로 생각해야 한다고 했다. 그저 형의 꽁무니만 보고 따라 걸었다. 무서운 사람일 것이라 예상하며 책임자의 방으로 들어섰다. 의외로 인자해 보이는 노인이 앉아 있었다.

감옥 책임자는 자신의 이름을 제레미라고 했다. 그는 언더그라운드 역사상 처음으로 탈출을 시도한 형을 만나고 싶었다고 했다. 형이 어떻게 해서 사람들을 설득했고, 어떻게 탈출하려고 했는지 알고 싶다고 했다. 형과 제레미는 오랫동안 대화를 했다. 제레미는 형과 이야기하는 것이 아주 즐거워 보였다. 오랜만에 말이 통하는 사람을 만난 듯했다. 감옥 책임자와 죄수의 신분이었지만 다른 사람이 보면 오랜 말동무로 오해할 지경이었다. 탈출 이야기가 끝날 때쯤 제레미는 언더그라운드에서 나간 후에 어떻게 할 생각이었는지를 물었다. 형은 대답할 생각은 않고 다른 질문을 했다.

“이 감옥을 처음 고안한 사람은 누굽니까?”

"아, 물론 나요."

제레미는 매우 자랑스러운 표정으로 대답했다.

"어떤 계기로 이렇게 특이한 감옥을 만들게 되셨는지요?"

제레미는 형이 이 감옥에 대해 관심을 보여 무척 기쁜 듯 보였다. 그는 곧 감옥 이야기에 빠졌다.

"내가 이 감옥을 고안할 때 가장 중요하게 생각한 원칙은 '최대 다수의 최대 행복'이었소. 난 모든 행위의 원리를 고통의 최소화와 쾌락의 최대화로 보고 있소. 즉, 행복의 증진이란 고통이 줄고 쾌락이 느는 것을 말하오. 다만 이때의 행복은 행위자 개인만의 행복이 아니라 행위에 영향을 받는 모든 사람의 행복이어야 하오. 난 이 유용성의 원리 위에서 이 파놉티콘을 구상했소. 이미 보았겠지만 파놉티콘엔 기본적으로 감시인이 한 명만 있으면 되오. 그 한 명이 모든 죄수를 다 감시할 수 있으니, 파놉티콘은 가장 적은 비용으로 최대의 효과를 내지. 그리고 범죄자를 가두어 사회를 보호하고, 나아가 범죄자를 사회에 쓸모 있는 사람으로 만든다는 점에서 유용하다고 생각하오."

"그런데 어쩌다 감옥에 관심을 갖게 되셨습니까?"

형은 기자처럼 캐물었다.

"내가 감옥 문제에 관심을 집중한 이유는, 감옥이야말로 온갖 사회적 질병의 전시장이자 사회 개혁의 최우선 과제였기 때문이오. 그러니까 이 감옥을 처음 구상한 게 1786년인데, 그때는 막 자본주의적 도시화가 진전되던 시기라 크고 작은 범죄가 많이 일어났소. 덕분에 감옥은 죄수들로 범람했고, 사회적 낙오자들이 우글거려 곧 범죄 학교처럼 되었소. 내가 보기에 감옥의 개혁이야말로 정말 다급한 시대적 과제였다오."

그의 표정에 뿌듯함이 번졌다. 그는 진심으로 세상을 위해 좋은 일을 했다고 자부하고 있었다. 분위기는 자연스럽게 부드러워졌다. 그런 분위기 탓에 나도 모르게 질문이 튀어나왔다.

"아이디어는 어디서 얻으셨나요?"

순간 내가 너무 주제넘나 싶었지만, 제레미는 개의치 않고 대답해 주었다.

"군 막사요. 야전 장소에서 양쪽으로 늘어서 있는 군 막사의 경우 가운데 있는 복도에서 양쪽 군 막사를 다 감시할 수 있는 구조로 돼 있잖소? 거기서 힌트를 얻었지."

형은 생각에 잠겨 한마디 했다.

"그러고 보니 굳이 감옥에서만 유용한 구조는 아니군요."

"그렇지요!"

제레미는 탁자까지 쳐 가며 반색했다.

"드디어 파놉티콘의 가치를 제대로 이해하는 사람이 나타났구려. 역시 소문대로 푸코 당신은 스마트해. 하하하."

기분이 아주 좋아진 제레미는 아예 일어나더니 흥에 겨워 설명을 이어 갔다.

"사실 이 파놉티콘은 사회 구성의 표준 모델이자 보편 원리나 마찬가지요. 왜냐? 파놉티콘의 원리는 감시와 경제성을 연결해야 하는 거의 모든 시설에 성공적으로 적용할 수 있으니까 말이오. 상상해 보시오! 파놉티콘식 공장, 파놉티콘식 병원 같은 것을 말이오. 공장은 수많은 작업을 효율적으로 감독할 수 있는 진정한 산업 건물이 될 수 있으며, 병원은 청결, 환기, 의약품 관리에서 어떤 소홀함도 허락하지 않는 최상의 시설이 될 수 있소. 그 뿐이오? 이 파놉티콘의 원리는 학교나 군대같이 한 사람이 다수를 감독해야 하는 모든 경우에도 적용이 가능하다오. 얼마나 대단한 일이오?"

제레미는 득의양양했다. 그러나 형은 동의하는 표정이 아니었다. 형은 제레미를 쳐다보며 묵직한 목소리로 한마디 던졌다.

"그렇게 긍정적으로만 볼 수는 없다고 봅니다. 비록 선의로 시작했지만, 당신의 아이디어는 이 사회를 거대한 통제 사회로 만드는 데 일조할지도 모릅니다."

제레미의 얼굴색이 확 변했다.

"나는 이 일을 도덕적이고 윤리적인 대안으로 진행했소. 예를 들어, 처음 내가 이 파놉티콘을 고안할 때 죄수들의 입장을 많이 고려했소. 지금은 이런저런 이유로 다 독방이 됐지만, 처음에 나는 한 방에 두 명에서 네 명씩 수용해야 한다고 주장했소. 왜냐하면 난 감옥 관리의 원칙 가운데 하나로 고통 완화의 원칙을 중요하게 생각했기 때문이오. 1인 독방은 징벌방처럼 불필요하게 수감자의 고통을 증대시키기 때문에 피해야 한다는 것이 내 생각이었소. 감옥은 단순히 처벌을 하는 공간이 아니라, 죄수의 심성을 교화해 사회의 일원으로 재탄생시켜야 할 공간이니까 말이오."

"그러니까 감옥을 처벌의 공간이 아니라 교화의 공간으로 의미를 바꿨단 말이지요?"

"바로 그거요! 그러니까 난 절대로 거대한 통제 사회를 만들기 위해 파놉티콘을 구상한 것이 아니요."

"당신의 선의는 이해합니다. 하지만 당신의 그 윤리적 주장을 파고들면 근대적 규율 사회와 감시 사회의 원형을 발견할 수 있습니다. 난 단지 그것이 당신의 예상과는 다른 결과를 낳으리라는 점을 지적하고 싶습니다."

"어떻게 다른 결과를 낳는다는 말이오?"

"두고 보면 아실 겁니다."

제레미의 얼굴이 어두워졌다. 형의 말에 화가 난 듯도 슬퍼진 듯도 했다. 하지만 제레미는 이내 평소의 관대한 표정으로 돌아왔다.

"결과가 어떻든 그래도 난 이곳을 제대로 운영하고 싶소. 윤리적이고 대안적인 공간으로 말이오. 사실 독방 체제로 가져간 것은 잘못이오. 조만간 1인 독방 체제를 철회하겠소. 곧 당신은 동생과 같은 방에 수감될 것이오."

나는 뛸 듯이 기뻤다. 그 불편한 방에서 더 이상 혼자 괴로워하지 않아도 되니 말이다. 하지만 형의 표정에는 변화가 없었다.

조만간이 아니었다. 바로 그날 밤 나는 형과 같은 방에 수감되었다. 제레미의 성격이 급했는지 아니면 우리를 위한 특별한 배려인지는 모르지만 어쨌든 나로서는 그저 고마울 따름이었다. 형의 방은 내가 있던 방 맞은편에 있었다. 형의 방 역시 중앙탑에서 훤히 들여다보였다. 난 형과 함께 있어서 좀 안심이 되었다.

형은 감옥에서도 여전했다. 들어서는 나를 보고도 씩 한 번 웃는 것이 다였다. 그러더니 안쪽 창에 바짝 붙어 아무것도 보이지 않는 중앙탑을 이리저리 살펴보았다. 난 걱정이 됐다. 감시인이 그런 형의 행동을 의심할 수 있으니 말이다. 하지만 형이 워낙 진지하게 살펴 중앙탑 쪽으로 정말 뭔가 보이는 것은 아닐까 하는 생각이 들긴 했다.

"뭐가 좀 보이나요?"

"아니. 전혀."

"그런데 뭘 보고 있나요?"

"보이지 않는 힘을 보고 있지."

알쏭달쏭한 대답을 던진 형은 내 옆에 앉았다.

"이 파놉티콘은 제레미 말대로 아주 단순한 건축 아이디어에서 시작됐지. 하지만 난 이건 기존의 어떤 감옥과도 다른 혁명적인 구상이라고 봐."

"왜요? 한 사람이 동시에 여러 죄수를 감시할 수 있어서 돈이 많이 절약되니까요?"

"그것도 그거지만, 이 감옥의 핵심은 시선의 불평등한 교환에 있어. '바라보다'라는 단순한 지각 행위는 사실 엄청난 힘을 갖고 있거든. 그리고 이 시선에서 앎이 생기고 권력이 나오지."

슬슬 또 어려운 이야기다.

"우리는 중앙탑 안을 못 보지만 중앙탑에서는 우리를 훤히 들여다본다. 중앙탑에는 감시인이 있다. 감방에는 죄수가 있다. 감시인은 죄수의 행동을 낱낱이 보지만, 죄수는 감시인을 볼 수 없다. 그러니까……."

"불편하죠, 뭐. 기분도 나쁘고. 또 뭘 할 때마다 스스로 해도 되는지 하면 안 되는지 생각해야 하는 게 피곤해요."

"그래. 그걸 바로 통제의 내면화라고 해. 죄수는 이제 감시인의 시선을 내면화해 스스로 자기 자신을 감시하고 그 감시에 복종하게 되는 거지. 단순한 시선 하나로 가동되는 이상적인 권력 장치이면서, 동시에 최소한의 노력으로 최대의 효과를 누리는 완벽한 통제 장치인 셈이야."

"듣고 보니 그렇네요."

"더 중요한 건, 저들은 우리에 대해 알고, 우리는 저들에 대해 모른다는 거야. 시선의 불균형이 앎의 불균형으로 이어지는 거지. 다시 그 앎의 불균형은 권력의 불균형으로 이어져. 단순하게 지금 이 상황만 해도 지금 저들의 권력이 더 강해서 우리는 여기서 꼼짝 못하고 있잖아."

"처음부터 권력은 저들이 가지고 있었잖아요."

"권력[35]은 누가 소유하는 것이 아닌 것 같아. 권력은 여러 형태의 정치적, 사회적, 군사적 조직뿐만 아니라 온갖 행위 유형, 사유 습관, 지식의 체계 속에서 일상적으로 작용하는 유동적 흐름이라고 할 수 있지. 감옥 책임자와 우리 사이에도 권력이 존재하지만, 감옥 책임자와 감시인, 감시인과 우리, 또 너와 나 사이에도 권력이 존재하거든. 예를 들어, 너는 내 말을 잘 들어. 그러니까 너와 나 사이에서 권력은 내가 더 세지. 그런데 네가 내 말을 더 잘 듣는 이유가 뭘까?"

"형은 뭐든지 다 아니까요. 저보다 훨씬 많이."

난 주저하지 않고 대답했다. 형은 그럴 줄 알았다는 듯 고개를 끄덕였다.

"거 봐. 내가 많이 안다는 이유로 너는 자발적으로 내 말에 복종하잖아. 난 널 복종시키기 위해 물리적인 힘을 쓰거나 강제할 필요가 전혀 없지. 그런데 언제나 모든 걸 내가 너보다 많이 알까? 따지고 보면 네가 나보다 많이 아는 것도 있지 않을까? 예를 들면……."

"'스타크래프트'나 '리그 오브 레전드' 같은 거요. 그런 게임은 제가 형보다 훨씬 많이 알지요."

난 좀 으쓱한 기분이 들었다.

"그렇지. 그런데 왜 네가 게임을 아는 것은 힘이 없고, 내가 아는 것은 힘이 있을까?"

그러고 보니 또 그러네.

"흔히 사람들은 학문이나 지식이 권력과 상관없고 가치중립적이라고 생각하지. 권력과 전혀 관계가 없을 때만 지식이 존재한다던가,

지식은 권력의 금지, 명령, 요청, 이해관계 등을 떠나서만 발전할 수 있다고까지 생각해. 에피스테메의 경우에서 볼 수 있듯이 권력은 오히려 지식을 창출한다고. 사실 권력과 지식은 서로 직접 간여해. 지식과 상관없는 권력은 없으며, 반대로 권력 관계를 상정하지 않거나 사후에 구성하지 않는 지식은 존재하지 않는다고 봐도 무방하지. 요컨대 권력에 유익한 지식이든 불복종하는 지식이든 하나의 지식을 창출하는 것은 개인적 인식 주체의 활동이 아니라 어디까지나 권력과 앎 사이의 상관관계야. 그리고 인식의 영역과 형태를 정하는 것 역시 인식 주체가 아니라 사회 내 세력 간의 투쟁이라고 할 수 있지. 앎은 다름 아닌 이 투쟁의 과정으로 구성된 거니까. 앎은 각기 권력을 등에 업은 채 앎끼리 투쟁을 벌이고, 그것이 또 권력을 구성하는 거지."

역시 형은 내가 모르는 것을 너무 많이 안다. 이렇게 긴 설명에도 불구하고 이해가 안 되니 말이다. 어쨌든 형의 권력이 더 세서 그렇다는 거지?

"예를 들어 볼까? 옛날에는 지구를 중심으로 태양이 움직인다고 생각했어. 그러니까 천동설을 믿었지. 왜 그랬을까? 그 당시 지구가 태양 주변을 움직인다고 주장하던 지동설도 있었는데, 왜 천동설을 믿었을까?"

"천동설이 더 힘이 셌으니까요."

"그렇지. 그건 천동설이 사실이어서가 아니라, 천동설과 지동설의 싸움에서 천동설이 이겼기 때문이야. 이기게 된 데는 여러 가지 이유가 있겠지. 예를 들어, 네가 내가 하는 말을 다 옳다고 생각하는 것처럼 힘 있는 사람이 천동설을 주장하면 다 믿을 수밖에 없는 거지."

"그런데 왜 죄인을 감옥에 가둘까? 눈에는 눈, 이에는 이. 감옥에 안 보내고 매를 때리거나 벌을 줄 수도 있을 텐데 말이야."

갑자기 쉰 목소리가 툭 튀어나왔다. 누구 목소리인지 단박에 알 수 있었다. 마에 할아버지다. 할아버지는 투명 망토를 쓰고 계셔서 보이지 않았다. 너무 반가웠지만 감시인에게 들킬까 싶어 제대로 반가운 척도 할 수 없었다. 형은 감시인을 의식해 눈길은 여전히 나에게 둔 채 마에 할아버지에게 물었다.

"젊었을 땐 어떠셨나요? 그때도 죄인을 다 감옥에 가두었나요?"

"하하, 내가 젊었을 때 이야기를 하나 해 주지."

할아버지가 젊었을 때라면 뻔하다. 무지무지 오래전 아마도 수백 년 전 이야기일 터이다.

"1757년이었어. 그때 국왕은 루이 15세였는데, 다미앵이라는 사람이 그 왕을 죽이려다가 실패했지. 온 나라가 발칵 뒤집힐 정도로 큰 사건이어서 공개 처형을 아주 대대적으로 했지. 사람들이 모두 구경을 갔어. 물론 나도 갔지. 처형 장면은 정말 끔찍했어. 얼마나 끔찍했냐면……. 좀 끔찍해도 들어 봐."

모습이 없이 목소리만 들으니 꼭 오디오북을 듣는 것 같았다. 할아버지는 이야기를 이어 갔다.

"왕은 다미앵을 능지처참하기로 했어. 그러니까 팔, 다리 등을 하나씩 자르며 고통을 천천히 더 많이 느끼도록 하면서 죽이는 거지. 소매를 팔뚝까지 걷어 올린 사형 집행인이 사지를 자르기 위해 불에 달군 쇠집게를 집어 들었어. 그러더니 먼저 오른쪽 장딴지를, 다음에 넓적다리를, 그다음에 오른팔의 근육 두 군데를, 또 그다음에는 가슴을 찢었지."[36]

"아우~."

형과 나는 동시에 소리를 질렀다. 하지만 마에 할아버지는 이 끔찍한 이야기를 멈출 뜻이 없어 보였다.

"그런데 사형 집행인이 아무리 억센 사람일지라도 쇠집게로 살을 같은 방향으로 두세 번 비틀어 가면서 잘라내는 데 무척 애를 먹을 수밖에 없는 상황이었어. 사형 집행인은 가마솥에서 쇠국자로 펄펄 끓는 걸쭉한 액체를 떠서 상처 부위에 가득 부었지. 그다음에는 죄수의 사지를 잡아당기려고 죄수의 몸과 말의 수레를 밧줄로 묶었어. 말이 움직였고, 드디어 그는 네 갈래로 찢겨졌지."

"그만요, 그만요!"

나는 더 듣고 있을 수 없었다. 옛날 신체형이 얼마나 잔인했는지 충분히 알 수 있었다.

"도대체 왜 이렇게 사람을 잔인하게 죽인 건가요?"

나도 모르게 말이 퉁명스러워졌다.

"군주 시대의 잔인한 고문은 사법적 행사라기보다는 차라리 군주의 보복 행위라고 할 수 있지."

"고전주의 시대의 법 개념에서 우리는 그것을 읽을 수 있지요."

형이 끼어들었다.

"응, 1768년 법률서에는 이렇게 씌어 있어. '한 개인에게 어떤 잘못을 저지르거나 손상을 입히지 않더라도 법이 금한 행위를 했으면 그것은 처벌을 받을 만한 행위이다. 왜냐하면 그 행위로 인해 왕의 권리가 침해되었고, 그의 고귀한 인격이 모욕당했기 때문이다.'"

"법이 곧 군주의 의지이므로, 모든 범죄는 그 직접적인 희생자를 넘어서서 군주를 공격하는 것이라는 이념을 담고 있는 거지요."

주거니 받거니 둘은 죽이 척척 맞았다. 이번엔 당연히 할아버지 차례다.

"그러니까 신체형은, 군주가 광장에 수많은 사람을 모아 놓고 자신의 권력을 화려한 형태로 과시하면서 상처 받은 군주권을 회복하는 의식이라고 할 수 있어. 형벌의 고문은 어디까지나 정치적인 행사지. 고문의 격렬성, 화려함, 신체에 대한 폭력, 엄청난 힘의 과시, 계산된 의식(儀式), 요컨대 신체형의 모든 장치는 형벌 제도의 정치적 기능 속에서 가동되는 것이지."

나도 대화에 끼고 싶었다. 그래서 머릿속에 떠오르는 것 중 근사한 거를 하나 골라 물었다.

"요즘엔 그렇게 하면 난리 날걸요? 그런데 언제부터 그런 신체형이 없어진 거예요?"

할아버지는 좋은 질문이라며 대답을 이어 갔다.

"이 음울한 처벌의 축제는 18세기 말과 19세기 초를 거치면서 유럽 전역에서 사라져 갔어. 공개 처형을 구경거리로 삼던 방식이 소멸된 거지. 거의 모든 곳에서 배심 제도가 채택되고, 범죄자 개인에 따라 징벌이 조정되는 경향이 나타나기 시작했어."

"왜 없어진 걸까요? 죄인이 너무 불쌍해서 그랬겠죠?"

나는 더 이상 묻기를 주저하지 않았다.

"난 그렇게 생각하지 않아."

이번에는 형이 말했다.

"그건 결코 범죄자의 인권을 위해서가 아니야. 오히려 범죄자가 동정과 존경의 대상이 된다는 우려 때문이었어. 그런 공개 처형에서 중심인물은 사실 구경 나온 사람들이야. 신체형은 죄인에 대한 처벌이라기보다는 본보기의 의미가 더 크기 때문에 실제로 구경꾼이야말로 처형의 의식을 완성하는 데 있어서 꼭 필요한 존재거든. 아무리 사소한 범죄라도 처벌받을 수 있다는 인식을 일깨워 줄 뿐만 아니라, 죄인에 크게 분노하는 권력의 모습을 보여 줌으로써 공포의 효과도 발생시키기 때문이지. 게다가 구경꾼은 범죄자에게 욕을 하거나 돌을 던지면서 슬그머니 군주의 보복 행위에 끼어들기도 하지. 하지만 시간이 지날수록 구경꾼이 처형대 주위에 몰려드는 것은 단순히 사형수의 고통을 목격하기 위해서라든가 사형 집행인의 분노를 자극하기 위한 게 아닌 게 됐어. 구경꾼은 이제 아무것도 잃을 것이 없는 사형수가 재판관을, 법을, 권력을, 종교를 저주하는 것을 듣기 위해 왔지."

"맞아. 죽음 앞에서 죄인은 무슨 말이라도 다 할 수 있었거든."

마에 할아버지는 자신이 본 일을 마저 들려주었다.

"자신이 범죄를 저지른 이유가 가난 때문이라고 하늘을 비난하고, 재판관의 야만스러움을 비판하고, 사제를 저주하고, 신을 모독했지. 구경꾼은 신나 했어. 그러다 보니까 국왕의 무서운 권력만을 보여 주어야 할 공개 처형장에서 갑자기 국왕은 농락당했고, 반면에 죄인은 동정을 받고 급기야는 영웅시되기도 했지. 나중에는 사람들의 반항심이 폭발하여 부당하다고 생각되는 처형을 방해하기까지 했어. 사형 집행인의 손에서 사형수를 탈취하고, 폭력을 사용하여 죄인의 사면을 얻어 내고, 재판관을 비난하며 판결에 불복하는 난동을 부리고 그랬지. 정말 대단했는데……."

할아버지의 쉰 목소리가 아련해졌다. 하지만 금세 목소리를 가다듬었다.

"그런 불편한 사태가 정치적인 위험이 되었지. 가증스러운 범죄와 막강한 권력을 보여 주어야 할 처형 의식이 오히려 권력을 조롱하는 장이 되었거든. 18~19세기의 개혁론자들은 공개 신체형이 민중을 위협하는 수단이 되지 못한다는 것을 깨달았고, 결국 공개 처형 제도는 폐지됐지."

"그럼 그 후로 죄인은 어떤 벌을 받았나요?"

내가 묻자 기다렸다는 듯 할아버지가 대답했다.

"감옥으로 보내졌지. 비록 신체형이 부과된다 해도 징벌은 한층

덜 직접적이 되었고, 신체에 가해지는 고통이 있다 해도 그것은 훨씬 부드럽고 유연해졌지. 이제 그 고통의 현장은 사람들의 시야에서 멀어져 은밀한 행사가 되었지."

형이 덧붙였다.

"그러면서 형벌의 근본 취지가 바뀌었어. 신체형에서 교정(矯正)형으로 전환되었지. 과거에 죄인의 몸은 파괴해야 할 대상이었는데, 이제는 일정한 목적, 그러니까 노동을 시킨다든가 사회에 돌아가서 적응할 수 있는 인간을 만든다든가 하는 목적을 달성하기 위한 유용한 재산이 된 거야."

"물론 교정도 중요하지만 우선 죄인의 자유를 박탈하려고 감옥에 보내는 게 아닌가요? 자유를 박탈하는 것 자체가 벌이니까요."

감옥에 대한 형의 생각이 궁금했다. 형은 잠깐 생각에 잠겼다.

"음……. 사실 감옥이라는 곳은 자유를 먼저 박탈한 뒤 교정이라는 기술적 기능을 추가한 곳이 아니야. 오히려 감옥은 교정 제도를 통해 합법적으로 개인을 변화시키기 위한 기획 시설이지. 감옥은 개인의 결함과 약점을 분류해 교정하고자 하는 상설 감시 시설이야. 감옥이라는 곳 자체의 특징은 분류와 감시, 그리고 교정이지. 요컨대 19세기 초부터 형법상의 수감은 자유를 박탈하면서 동시에 교정 기술을 통해 개인을 변화시키려는 시도였다고 봐야 해."

"그런데 아주아주 옛날에는 죄인을 어떻게 했나요?"

"처음부터 죄인을 감옥에 보내지는 않았지. 광인과 마찬가지로 죄인을 다루는 방식 역시 시대마다 달랐거든. 역사적으로 보면 노예제 사회에서 죄인은 민간 노예가 되었고, 봉건 사회에서 죄인은 신체 중심의 징벌을 받았지. 그리고 산업 혁명 이후 19세기에는 교정을 목적으로 하는 감금 제도가 도입된 거고."

형이 이야기를 마치자 어디선가 코 고는 소리가 들렸다. 마에 할아버지가 잠드셨나 보다. 나와 형은 할아버지의 코 고는 소리가 사인이라도 되는 듯 동시에 자리를 펴고 누웠다. 그러고는 감시인을 의식할 틈도 없이 곯아떨어졌다.

**[33]** 제레미 벤담(Jeremy Bentham, 1748~1832)이 구상한 '파놉티콘(panopticon)'이다. '모두'를 뜻하는 pan과 '본다'를 뜻하는 opticon을 합성한 말이다. 근대적 감옥의 이상적 모델로 제출된 파놉티콘은, 그 구상이 태어난 지 거의 200년 만에 푸코의 저작이 일으킨 엄청난 반향과 함께 근대 체제의 원리를 설명하는 강력한 용어로 재등장하였다.

**[34]** 미셸 푸코 《감시와 처벌》 중에서

**[35]** 푸코는 권력을 하나의 소유물이 아니라 전략으로 이해해야 한다고 말한다. 권력은 점유가 아니라 사람들을 배치하고 조작하는 기술과 기능에 의해 효과를 발휘한다. 권력은 소유하기보다는 행사하는 것이고, 사람과 사람 사이의 관계다. 푸코가 관계적 권력(Pouvoir Relationnel)이라고 규정한 것이 바로 그것이다. 사람과 사람 사이의 관계 속에서 서로 간에 미치는 힘, 즉 권력은 정확하게 균형을 이루는 것이 아니라 끊임없이 변동한다.

**[36]** 《감시와 처벌》에 나오는 다미앵 처형 장면.

11

# 다시 태어나기 위하여

다음 날부터 형과 나는 노동을 해야 했다. 언더그라운드의 학교처럼 이곳에도 일정표가 있었다. 더욱이 학교보다 훨씬 빡빡했다. 작업을 나가기 전에 간수는 내가 지켜야 할 수감자의 하루 일과에 대해 목이 터져라 읊었다. 일정표는 시간대별로, 심지어 분 단위로 자세히 그리고 빼곡히 짜여 있었다. 나는 일정표에 따르느라 몹시 지쳐 갔다. 훈육, 교정되는 중이었다.

일정표에 맞춰 움직이는 것도 힘들었지만 무엇보다 나를 힘들게 한 것은 개인 평가였다. 간수들은 죄수 개개인의 언행을 관찰, 기록하여 개인별 데이터를 구축한 뒤, 점수를 매겨 가, 나, 다, 라군으로 평가했다. 라군에 들어가면 더 혹독한 일정이 기다리고 있어서 나는 최소한 다군에라도 들기 위해 발버둥을 쳐야 했다.

형은 그런 평가를 하는 이유가 개인을 통제하기 위해서라고 했다. 그러면서 그렇게 점수로 평가하고 기준을 만드는 규격화 방식 자체가 곧 근대 과학의 방법론이라고도 했다. 그러면서 이것이 개인-권력-지식의 삼각관계를 보여 주는 좋은 예라고 했다. 무슨 말인지는 정확히 모르겠다. 간밤에 잠자리에 들기 전 형은 그런 평가는 이곳에서만 있는 일은 아니라고 덧붙였다.

"예를 들어, 병원에 있는 환자를 생각해 봐. 권력을 가진 의사는 환자의 차트를 작성하고 관리하지? 이런 임상 관찰과 기록은 바로 지식이 되는 거야. 학교에서 선생님이 학생의 성적표나 생활 기록부를 만들어 관리하거나, 공장에서 경영자가 노동자의 개인별 업무 분장과 기록을 가지고 평가하는 것도 마찬가지지."

감옥의 일정표에 따라가기도 벅찼지만, 형과 나는 마에 할아버지와 함께 새로운 시도를 하기로 결심했다. 그 새로운 시도는 바로 탈출이었다. 그렇다. 우리는 탈옥을 결심했다.

형은 미국 드라마 〈프리즌 브레이크〉에서 석호필이 그랬던 것처럼 파놉티콘의 여기저기를 관찰하고 다녔다. 어지러운 척 쓰러져 치료실에 가 그 안을 살피기도 하고, 실수인 양 작업 수레를 끌며 건물의 끝까지 가 보기도 했다. 그렇게 해서 얻은 결론은 나갈 구멍이 전혀 없다는 것이었다.

나는 바로 절망했지만, 형과 마에 할아버지는 아니었다. 둘은 그동안의 경험을 살려 땅을 파기로 했다. 여기서 약간만 더 파면 예전에 지하 2층에 만들었던 탈출구와 연결될 거라는 게 그들의 계산이었다. 그러나 대체 어떻게 땅을 판단 말인가. 뭐 영화에서처럼 숟가락으로 몇 년씩 팔까. 또 삽이 있다고 쳐도 중앙 감시탑에서 뻔히 보고 있는데 무슨 수로 감방 안에서 삽질을 한단 말인가. 한마디로 삽질 계획이라고 할 수 있다. 머리 나쁜 나도 현실 파악을 제대로 했는데 머리 좋은 형과 경력 좀 먹어 주는 할아버지는 삽질 계획을 포기하지 않았다. 덕분에 나는 은근히 소외감을 느끼고 있었다.

그러던 어느 날 공동 세면실에서 거울을 보며 면도를 하던 형이 내 귀에 대고 속삭였다.

"드디어 방법을 찾았어!"

목소리는 낮았지만 흥분에 차 있었다. 형이 찾은 답은 거울이었다. 거울은 빛을 반사하는 효과가 있으니 적당한 크기의 거울 몇 개를 가지고 각도를 잘 맞추면 중앙 감시탑에서 보이지 않는 그림자 영역을 만들 수 있다는 계산이었다. 그리고 그 거울 뒤에 들어가 땅을 판다는 것이었다. 그림자 부분은 착시가 일어나 감시탑에서 보면 벽처럼 보일 거라고 했다.

이곳의 설계도를 구하는 일은 제레미와 친해진 형이 알아서 하기로 했다. 형이 설계도를 구하는 일은 생각만큼 어렵지 않았다. 제레미가 파놉티콘 자랑을 워낙 좋아해 형이 관심을 좀 보이자 설계도를 보여 주며 세세한 설명까지 달아 줬으니 말이다. 거울과 필요한 도구는 마에 할아버지가 하나씩 주워 와 이불 밑에 숨겼다. 낮에는 주로 마에 할아버지가 땅을 팠고, 밤에는 우리가 팠다. 교대할 때는 할아버지의 망토를 이용했다. 형과 나는 이틀에 한 번씩 꼬박 날을 샜다. 덕분에 난 거의 매일 간수에게 잔소리를 들어야 했다.

"시간 낭비는 도덕적 과오이며 경제적 불성실이다! 그러므로 나태는 절대로 불허한다! 이것은 원칙이다! 이곳에서 이루어지는 고행이나 훈련은 단지 효용성의 증대만을 목표로 하지 않는다. 너희가 속세에서 갖고 있던 모든 부도덕한 것을 버리고 포기하는 것을 목표로 하는 것이다"

간수의 잔소리가 듣기 싫어 미치겠다고 투덜댔더니, 형은 날 위로하기는커녕 그 의미를 설명해 내 머리를 더욱 지끈거리게 했다. 형은 그런 규율 자체가 개인으로 하여금 자기 육체에 대한 통제를 강화하도록 하는 것이라고 했다.

"규율 장치는 감옥뿐 아니라 가족, 학교, 기업, 병원, 행정 기관 등 도처에 존재함으로써 지탱되지. 결국 감옥은 다양하게 분산된 규율 권력을 상징적으로 통합하는 사회 제도로서 존재하는 거야. 모든 감금 장치에 의존해 있는 이 규범화 권력은 우리 사회의 중요한 기능 가운데 하나가 되었거든."

어쨌든 이런 감옥은 내게 별로 효과가 없는 듯했다. 아무리 시간이 지나도 훈육되거나 교정되지 않는 것을 보니 말이다. 탈옥에 실패하면 죽을 때까지 파놉티콘에서 이렇게 살아야 되나 싶은 생각에 절망이 슬슬 기어 올라올 뿐 정상인이 돼 다시 사회로 돌아가 잘해 보겠다, 뭐 이런 생각조차 들지 않았다. 다만 피곤할 뿐이었다.

형은 이런 나보다 훨씬 여유 있어 보였다. 그 후로도 몇 번 감옥 책임자인 제레미에게 불려 가 대화를 하기도 했고, 틈틈이 파놉티콘 여기저기를 기웃거리기도 했다. 마에 할아버지는 방에 있을 때는 주로 거울 뒤에서 땅을 팠다. 그러다가 정 답답하면 가끔 작업 시간에 우릴 따라 나와 사람들 사이에 슬쩍 끼어 일하는 척했다. 들키지 않을까 아슬아슬한 날도 많았지만 그때마다 무사히 넘어갔다.

그렇게 한 달이 흘렀고 땅 파기가 끝났다. 우리는 이불을 터는 척하면서 유리창을 막고는 거울을 치웠다. 그리고 구멍 위에 이불을 깔아 보이지 않게 했다. 이제 문제는 어떻게 사라지느냐다. 구멍 안으로 뛰어드는 순간 감시인이 알게 될 테니 말이다. 온갖 의견이 나왔지만 중앙탑에서 감시인이 우리를 보고 있는 이상 답은 없었다. 난 다시 절망했다. 차라리 잠이나 잘걸, 애당초 삽질 계획이었으니.

그러던 어느 날 형과 나는 다시 제레미 감옥 책임자에게 불려 갔다. 혹시 탄로라도 났나 무척 긴장했는데 형은 아주 태연했다. 강심장이다. 제레미는 형을 보자마자 또다시 파놉티콘 자랑을 시작했다.

"어제 표창을 받았소이다. 최소의 비용으로 최대의 효과를 내는 감옥으로 말이오."

"축하드립니다. 표창을 받을 만하지요. 정말 잘 지은 감옥이니 말입니다."

형은 단순한 칭찬을 넘어 감동하는 척했다.

"일단 그 중앙 감시탑 말입니다. 죄수의 눈에는 그 감시탑 모습밖에 보이지 않지만 그 속에 항상 자신을 지켜보는 감시인이 있다는 느낌을 받습니다. 그러고는 감시당하고 있다고 확신하지요. 그러면서 자기 자신에게 주의를 기울이고, 나아가 자기 자신을 감시하고 억압합니다. 감시 권력이 놀라운 효과를 발휘한 셈이지요. 이제 권력은 생명을 가두거나 없애거나 억압하지 않고도 개인의 신체와 행동을 교정할 수 있지요. 규율과 훈련을 통해 고분고분하게 복종하는 유순한 신체를 만들 수 있으니 말입니다."

제레미는 기분이 좋아졌다.

"그렇지요. 솔직히 말하면 이 모든 게 저 중앙 감시탑의 공이오. 어차피 감시인은 죄수에게 자신을 드러내지 않고 유령처럼 군림하니 말이오. 누가 알겠소, 진짜 유령이 앉아 감시를 하는지. 허허허."

순간 형의 눈빛이 반짝하고 빛났다. 그날 저녁 방에 돌아오자마자 형은 중앙 감시탑 쪽을 유심히 관찰했다. 그러더니 뜬금없이 물었다.

"정말로 저 중앙탑 안에서 누군가 우리를 보고 있을까?"

"당연하죠!"

"하지만 감시인이 자리에 없더라도 죄수들은 있다고 여기니까 실제로 자리에 있는 효과를 낼 수 있잖아. 감시탑 안에 감시인 대신 마네킹 같은 것이 앉아 있어도 수감자는 그가 누구인지 알 수 없기 때문에 감시 효과는 동일할 거고."

"거 일리가 있구먼."

거울 뒤에 있던 마에 할아버지가 대답했다.

"우리 안에 잠자고 있는 경찰을 없애 보자고!"

"뭐 간단히 실험을 해 보면 되지."

할아버지가 부추겼다. 할아버지가 나를 스쳐 형 곁으로 가는 느낌이 들었다. 그러더니 형은 할아버지와 눈빛조차 교환하지 않은 채 바로 행동에 들어갔다. 할아버지의 망토 안으로 들어가 버린 것이다. 그들이 이 장면을 보았다면 분명히 형이 없어진 것을 눈치채고 바로 달려올 것이다. 그러면 형은 할아버지의 망토에서 나와 감시인의 착각으로 몰면 된다. 결과는 형이 기대한 대로였다. 긴장을 지나 하품이 나올 때까지 아무도 달려오지 않았다. 중앙 감시탑은 비어 있음에 틀림없다. 탈출이다. 모두 깊이 잠든 밤에 결행하기로 했다. 일단 자리를 펴고 누웠다. 이제나 저제나 탈출할 날만을 기다려 왔는데 막상 코앞으로 닥치자 머리가 다시 복잡해졌다. 과연 성공할 수 있을지, 성공한다고 해도 지상으로 갈 수 있을지, 또 지상에서 다시 예전처럼 살 수 있을지, 걱정이 꼬리에 꼬리를 물었다. 내 뒤에 누운 형이 나직이 속삭였다.

"나는 행복한 실증주의자였어. 나는 그 말에 주저 않고 동의하지. 그래서 나는 풀어헤치고자 한 실타래를 광범위하게 보여 주기 위해 실증성이라는 용어를 여러 번 사용한 것을 후회하지 않아.[37] 그리고 그것을 통해 얻은 결론을 실천하며 살고 싶어. 그게 내가 할 일이고, 하고 싶은 일인 것 같아."

갑자기 왜 저런 말을 하지? 불안했지만 아무것도 물을 수가 없었다. 그저 나는 가만히 형의 손 위에 내 손을 얹었다. 형은 그런 내 손을 맞잡았다. 따뜻한 형의 온기가 손을 타고 전해져 왔다. 결국 그날

이 파놉티콘에서의 마지막 밤이었다. 그리고 형과 보내는 마지막 밤이기도 했다.

언더그라운드를 탈출한 것은 나 혼자였다. 길고 긴 땅굴을 지나 지하 2층에 도착하자 형은 나를 먼저 밖으로 나가게 했다. 이제 저 마지막 터널만 지나면 지상이다. 나는 마에 할아버지에게 손을 내밀었다. 할아버지는 고개를 저었다. 그 순간 깨달았다. 수백 년을 산 할아버지가 언더그라운드를 벗어난다는 것은 곧 죽음을 의미한다는 것을. 할아버지는 앞으로도 이곳에서 그렇게 불연속적 단절을 거듭하는 시대를 온몸으로 겪으면서 동시에 19세기에 머물러 살아가야 한다. 너무 아쉬워 얼굴이 다 후끈거렸다. 할아버지에게 손을 흔들어 인사를 하고 형을 보았다. 하지만 형은 나를 향해 어서 가라는 손짓을 할 뿐이었다. 난 미칠 것 같았다.

"같이 가요, 제발!"

미치기 직전인 나와는 달리 형은 여유가 있었다.

"난 당분간 이곳에 남을 거야."

이미 결심한 표정이었다. 그래도 순순히 물러날 순 없다. 난 다시 저 감옥으로 돌아가기 싫다. 그렇다고 형을 두고 갈 수도 없다.

"왜요? 여기 남아 뭘 하시게요?"

"잘 들어. 환자는 병원이라는 억압적 권력 장치의 지배를 받는 개인이며, 학생 역시 학교라는 억압적 권력 장치의 지배를 받는 개인이야. 이렇게 한 개인에게 적용되는 권력은 일상적이고 다양하며 그래서 심층적일 수밖에 없어. 이건 지상에 올라가도 마찬가지야. 우리 모두 권력 관계에 속한 개인이기 때문에 어디에 있든 누구나 감옥에 갇힌 거나 다름없지."

"그렇지 않아요! 여기는 감옥이고, 저 땅 위로 가면 우리는 자유를 찾을 수 있어요. 더 이상 감옥에 갇혀 있지 않아도 된다고요."

"난 이곳에 남아 저항하겠어. 이 사회에서 배제당한 사람, 감시받는 사람, 그래서 스스로가 스스로를 억압하는 사람, 그들과 함께 다양한 저항을 시도해 볼 거야."

"그게 무슨 저항이에요, 감옥으로 돌아가는 게! 난 못 가요. 혼자는 안 가요."

"넌 돌아가! 돌아가면 곧 알게 될 거야. 지상에 사는 너나 언더그라운드의 파놉티콘에 있는 나나 감옥에 있는 건 마찬가지라는걸. 그리고 돌아가서 개인에 대한 감시와 처벌을 축으로 하는 사회 운영 메커니즘에 관심을 가져. 그리고 저항해. 끊임없이 저항하고, 또 저항해. 또 보자고."

난 세차게 고개를 저었다. 그때였다. 요란한 호루라기 소리와 함께 간수들이 들이닥쳤다. 그들은 눈앞에서 형을 붙잡아 포박했다. 온몸이 부들부들 떨렸다. 잠깐 뒤돌아본 형이 웃어 보였다. 눈앞이 흐려 왔다. 그렇게 흐려진 눈으로 형의 뒷모습을 보았다. 그러고는 이내 죽기 살기로 뛰었다. 가능한 한 빨리 이 언더그라운드를, 이 감옥을 벗어나고 싶었다. 숨이 끊어져라 달려 마침내 지상으로 나오자 때마침 비가 쏟아지고 있었다.

6월의 이른 장마였다.

[37] 미셸 푸코 《지식의 고고학》 중에서

에필로그

# 누군가 보고 있다

아버지의 장례식은 조용하고 품위 있게 끝났다. 이제 아버지가 남긴 짐을 정리하는 일만 남았다. 다른 가족이 주말에 다 같이하자고 했지만, 그는 그냥 이 일만은 혼자 하고 싶었다. 아버지는 장남인 그를 특별히 귀하게 대했다. 젊어서 실종된 아버지의 형을 많이 닮았다고 했다.

그는 지금까지 아버지의 뜻에 크게 거슬리지 않고 살아왔다. 하지만 그렇다고 아버지와 가까운 사이만은 아니었다. 그의 아버지에겐 아무도 이해할 수 없는 괴팍한 고집이 있었다. 아버지는 세상의 모든 일과 다퉜다. 별것 아닌 일로 병원에서고 관공서에서고 툭 하면 항의하고 싸웠다. 특히 그가 어렸을 적에는 종종 학교까지 찾아와서 한바탕 난리를 치기도 했다. 그때는 어찌나 창피하던지 쥐구멍에라도 들어가고 싶은 심정이었다. 그는 그런 아버지가 싫고 불편했다.

하지만 막상 아버지가 돌아가시자 새삼 그에게도 후회스러운 감정이 일었다. 왜 그렇게밖에 대하지 못했을까? 동시에 궁금한 마음도 들었다. 아버지는 왜 그리 싸우며 살았을까? 그러고 보니 딱히 물어본 적이 없다는 사실을 떠올리며 아버지의 낡은 점퍼를 털었다. 먼지와 함께 아버지의 세월도 떨어지는 듯했다. 그러더니 정말 툭 하고 무언가가 떨어졌다. 낡은 녹음기였다. 눈에 익었다. 글을 몰랐던 그의 아버지는 가끔 이 낡은 녹음기에 무슨 말인가를 중얼거리곤 했었다.

그는 녹음기를 주머니에 넣고 집으로 돌아왔다. 저녁을 먹고, 뜨거운 욕조에 몸을 담갔다. 피로가 뜨거운 물에 좀 풀렸는지 개운했다. 그는 자신의 서재에 들어가 책상 서랍에서 아버지의 녹음기를 꺼냈다. 그러고는 재생 버튼을 눌렀다. 치지직 하는 노이즈와 함께 아버지의 목소리가 흘러나왔다. 아버지의 목소리가 이랬구나, 새삼스러운 마음이 들었다. 그는 의자 깊숙이 몸을 묻었다.

날씨가 정말 어떻게 된 것인지 올해는 5월에 들어서자마자 폭염이 시작됐다. 사방이 습하고 덥다. 그러고 보니 아주 오래전 이런 여름이 있었다. 그때 난 고등학생이었고, 담임 선생님이 이런 날씨를 동남아 날씨라고 했던 기억도 난다. 그해 5월부터 유독 이른 6월 장마가 막 시작된 첫날까지의 일을 난 생생히 기억한다. 벌써 오랜 세월이 훌쩍 흘렀지만 말이다. 그때 내 눈앞에 나타난 사람이 진짜로 나의 형이었는지, 혹은 그저 내 상상이 만들어 낸 인물이었는지, 아니면 시공간의 틈을 여행하는 어느 여행사였는지, 이제는 나도 잘 모르겠다. 당시에는 그 남자를 분명 형이라 생각했는데, 시간이 지나면서 어쩌면 형이 아닐 수도 있겠다는 생각이 점점 더 든다. 하지만 이제는 그가 형이 아니어도 상관없다. 중요한 것은, 그가 한 말이 맞았기 때문이다.

그렇게 힘들게 언더그라운드를 탈출한 나였지만 지상에 올라온 지 얼마 지나지 않아 그저 좀 더 큰 감옥에 재수감되었을 뿐이라는 사실을 몸서리치게 느낄 수 있었다. 모를 때는 몰랐는데 알고 나니 세상에는 정말 저항해야 할 게 너무 많았다. 지난 세월 동안 끊임없이 싸워 왔지만, 감옥은 더욱 넓어지고 벽은 더욱 두터워졌다. 세상은 온통 감시 카메라 천지다. 때마침 텔레비전에서 한 기자가 관련 소식을 전하고 있다.

"서울 삼성동 코엑스에 근무하는 OOO 안전 관리 팀장은 914개의 눈을 가진 '빅브라더'로 불립니다. 평일 7~8만 명, 주말 15만 명이 찾는 코엑스 내에 설치된 CCTV 914대를 총괄하기 때문입니다. 코엑스에는 24시간 가동되는 CCTV 관제 센터만 7곳에 이른다고 합니다. 그런 OOO 팀장도 하루 평균 100회 가까이 CCTV의 감시를 받는다고 합니다. 지난 19일 오전 5시 출근길부터 밤 8시 퇴근길까지 OOO 팀장을 따라가 보았습니다. 거리 곳곳에 설치되어 있는 CCTV를 의도적으로 피하고 동선을 최대한 줄였지만, OOO 팀장은 이날 모두 87회나 CCTV에 찍혔습니다. 보안 업계에서는 현재 국내에서 가동되는 CCTV의 수를 300만 대 정도로 추정하고 있습니다. 국민 16.6명에 1대 꼴입니다. 서울 등 대도시만 놓고 보면 '몰래 카메라의 도시'라 불리는 영국 런던의 14명에 1대 꼴보다 더 많을 것이라고 합니다. 보안 업계 관계자는 매년 40~50만대의 CCTV가 새로 설치되고 있다고 말합니다."[38]

나를 포함해 우리는 여전히 세상이라는 거대한 감옥에 갇힌 수인인 셈이다. 통제와 규제가 습관처럼 된 우리는 이젠 스스로가 자신의 시간과 공간을 통제하고 있다. 정작 그 방식이야말로 국가가 원하는 방식이라는 인식조차 못한 채 말이다.

아직도 나는 악몽을 꾼다. 늘 같은 꿈이다. 꿈속에서 난 늘 멀티미디어실 안에 있다. 그리고 모니터 속 수많은 내가 나를 향해 비난하고 비웃고 잔소릴 하고 간섭하고 교육시킨다. 견디다 못해 밖으로 도망을 나오면, 하늘에는 거대한 눈이 나를 내려다보고 있다. 사람들은 그 눈의 주인을 '빅브라더'라 부른다. 난 그 눈을 피해 죽자고 도망친다. 그러다 목이 말라 자판기 앞에 멈춘다. 그러고는 동전 한 닢을 주머니에서 꺼낸다. 그런데 그 동전의 뒷면에도 빅브라더의 얼굴이 새겨져 있다. 동전에 있는 빅브라더의 눈이 나를 노려본다. 빅브라더의 눈은 동전, 우표, 책표지, 깃발, 포스터, 담뱃갑 등 어디에나 있다. 늘 그 눈이 날 감시하고, 그 목소리가 날 가둔다. 잘 때든, 깨어 있을 때든, 일을 하든, 식사를 하든, 집 안에서든, 집 밖에서든, 목욕할 때든, 침대에 누워 있을 때든 늘 노려본다. 빅브라더로부터 벗어나기란 불가능하다. 몇 입방 센티미터의 해골 속 외에는 자기 자신이란 것이 없다.[39] 그러다 잠에서 깬다. 악몽에 몸서리친다. 그리고 기도한다. 그 꿈은 그저 내가 꾸는 악몽이기를, 진짜 현실이 되지 않기를. 하지만 하늘은 내 기도를 들어주실 것 같지가 않다. 그럴 때면 난 형, 아니 확실하지 않으니 푸코라 불리던 그 남자를 떠올린다. 자신의 실존적 경험을 버리거나 초월하지 않았으며, 오히려 그것을 껴안고 넘어서서 새로운 지평을 열려고 노력했던 한 인간을 말이다.

어느새 그는 잠이 들었고, 녹음기에서는 치지직 치지직 하는 노이즈와 함께 빈 테이프만 돌아가고 있었다. 투둑 투둑 빗방울 떨어지는 소리가 들리더니 이내 쏴아아 쏟아지는 빗소리가 가득했다.

유독 이른 6월의 장마였다.

[38] 조선일보 2009년 3월 26일자 기사를 편집함.

[39] 조지 오웰(George Orwell, 1903~1950)의 《1984》 중에서

# 부록

## 미셸 푸코 소개
## (Michel Foucault, 1926~1984)

철학자 미셸 푸코는 1926년 프랑스 파리에서 남서쪽으로 340킬로미터 떨어진 푸아티에(Poitiers)라는 도시에서 태어났다. 이곳은 노틀담 다 그랑드 교회와 같이 로마네스크 건축물이 즐비한 아름다운 도시이다. 유복한 부모 아래에서 태어난 그는 취학 전 교육과 초등 및 중등 교육을 앙리 4세 학교에서 받았다. 학교생활은 그다지 문제가 없었으며 성적도 우수한 편이었지만, 중등학교 후반부인 15세엔 성적이 좋지 않아서 진급 시험을 보아야 할 정도에 이르렀다. 이에 푸코의 부모는 그를 생-스타니슬라스 학교로 전학시키는 노력을 기울여야만 했다. 이 학교는 부유한 집안 아이들이 다니는 곳으로 푸코는 잘 적응하여 떨어진 성적을 회복하기에 이르렀다.

전학한 학교에서 푸코는 나중에 그랑제꼴에 입학할 때까지 두각을 나타내기 시작했다. 하지만 청소년기인 1940년대에 제2차 세계 대전을 경험하면서 적지 않은 정신적, 심리적 갈등을 겪었다. 전쟁으로 인해 다양한 지방에서 피난 온 아이들과 선생님들과 교류하면서 그리 순탄한 인간관계를 형성하지는 못한 듯싶다. 생-스타니슬라스 학교에서 3년을 다닌 후 푸코는 18세에 중등학교 졸업 시험이자 대학교 입학 자격시험인 바칼로레아를 본다.

바칼로레아에 합격한 후에는 고등사범학교 입시 공부를 시작하였다. 이를 위해 고등사범학교 준비반 과정에 들어가 약 서른 명의 학생과 2년 동안 열심히 공부했다. 그러나 1945년 치른 고등사범학교 시험에서 낙방하고 말았다. 그는 파리로 가서 앙리 4세 고등학교의 고등사범학교 준비반에 다시 들어갔다. 1947년 드디어 시험에 합격한 푸코는 대학 입학을 위해 총 4년을 준비해야만 했던 것이다.

푸코의 대학 교육은 순탄한 편이었다. 잠재된 능력을 충분히 발휘했다. 1949년 24세에 철학 석사 논문을 제출할 때까지만 해도 문제가 없었다. 하지만 1년 뒤 그는 교수 자격시험에서 또다시 불합격하고 1년간 재수를 했다. 물론 이 시험은 엄격한 과정을 밟도록 되어 있다. 시험 주제는 제비로 뽑고 그 주제로 강의를 해야 한다. 그런 다음 네 번에 걸친 구술시험과 또 한 번의 강의를 하고, 프랑스 어, 라틴 어, 그리스 어 텍스트를 설명해야 하는 시험도 거쳐야만 한다. 교수 자격시험에서 합격한 사람은 대체로 고교 철학 교사로 나가지만, 푸코는 철학자 캉길렘(Georges Canguilhem)에게 부탁하여 티에르 재단의 연구원으로 들어가 연구자로서 경력을 쌓기 시작했다.

그러나 계약 기간인 3년을 다 채우지 않고, 푸코는 1952년 릴(Lille) 대학의 조교수가 되었다. 이 대학에서 그는 3년간 심리학과 역사를 가르쳤다. 당시 릴 대학의 문과대학장은 그를 "역동적인 젊은 교수로 과학적 심리학 강의에 탁월하며, 충분히 승진할 자격이 있다."고 평가했다. 릴 대학에서의 교수 생활을 거친 푸코는 1955년~1960년까지(30~35세) 외국에서 보냈다. 즉 스웨덴(30~33세), 폴란드(33세), 독일(34~35세)에서 프랑스 어, 심리학, 철학을 가르쳤다. 먼저 스웨덴 웁살라(Upsala)에서 그는 프랑스 문화원장으로 재직하였다. 이 시기에 그의 주저인 《광기의 역사》를 집필하기 시작하였는데, 이는 자신의 젊은 시절의 지적 여정을 정리한 것으로 자신의 철학 사상의 기본적인 내용이 들어 있다.

파리로 돌아온 30대 중반에는 매주 기차로 여섯 시간이나 걸리는 클레르몽-페랑(Clermont-Ferrand)에 가서 일반 심리학을 가르쳤다. 그가 가르친 주제는 단순히 심리학을 지칭하는 것이 아니라 철학, 언어학, 문학 등을 포괄했다. 1961년 그는 집필을 마친 《광기의 역사》를 정리하여 박사 학위 논문으로 제출하였다.

본격적인 학자로서 푸코의 명성을 가져오게 한 저작은 바로 1966년에 출간한 《말과 사물》이다. 이 책으로 푸코는 프랑스 철학계의 일약 스타로 떠올랐다. 일단 이 책은 철학 도서임에도 당시로서는 적지 않은 부수인 11만 부나 팔려 나갈 정도로 대중적인 성공을 거두었다. 이러한 학문적 성공에도 불구하고 파리 소재 대학의 교수직을 얻기란 쉽지 않았다. 이 시기에 그는 브라질에도 체류했지만 결국 튀니지의 수도 튀니스에서 3년간 머물렀다. 당시 집필한 저서가 바로 《지식의 고고학》이었다.

1968년은 전체 유럽이 진보적인 정치 운동으로 큰 몸살을 앓고 있을 때였다. 당시 푸코는 파리가 아닌 튀니스의 작은 대학에서 학생을 가르치고 있었다. 하지만 프랑스의 68학생운동의 격동기가 지난

1970년 이후 푸코는 벵센느(Vincennes) 대학 개설 위원회의 위원으로 활동하였다. 이 자리도 캉길렘의 강력한 추천으로 가능했다. 푸코는 이 대학에서 철학 교수로 2년을 보냈다. 이곳에서 그는 성(性)의 담론, 형이상학의 종말, 인식론 등을 가르쳤는데, 학생들로부터 높은 인기를 누렸다.

드디어 푸코는 역사적으로 유서 깊은 고등 교육 기관인 콜레주 드 프랑스(Collége de France)의 교수가 되어 왕성한 사회 활동과 탁월한 연구를 하는 시기를 보내지만, 폐렴으로 비교적 젊은 나이인 59세(1984년 6월 25일)에 세상을 떠났다.

## 미셸 푸코의 생애

| 1926 | 1930~1940 | 1941 |
|---|---|---|
| 10월 15일 프랑스 푸아티에(Poitiers)에서 유복한 부모에게서 출생. | **10대 전후**<br>앙리 4세 학교에서 유치부, 초등부, 중등부 교육을 받음. 성적은 우수한 편이었으나, 15세부터 성적이 떨어져 푸코의 부모는 전학을 고려함. | **16세**<br>생-스타니슬라스 학교로 전학함. 떨어진 성적을 만회함. |

| 1941~1945 | 1943 | 1943~1945 |
|---|---|---|
| **16~20세**<br>제2차 세계 대전을 경험함. 특히 전쟁으로 변모한 고향과 전학생 및 선생님과 인간관계에 심각한 충격을 받음. | **18세**<br>바칼로레아 시험에 합격함. | **18~20세**<br>고등사범학교 입학시험 준비반에 들어감. |

| 1945 | 1945~1947 | 1947 |
|---|---|---|
| **20세**<br>고등사범학교 시험에 불합격함. | **20~22세**<br>파리의 앙리 4세 학교 고등사범학교 시험 준비반에서 공부함. | **22세**<br>고등사범학교 시험 합격. |

| 1949 | 1950 | 1951 |
| --- | --- | --- |
| **24세**<br>철학 석사 학위 논문 제출. | **25세**<br>교수 자격시험에 낙방함. | **26세**<br>교수 자격시험에 합격함. 캉길렘(Georges Canguilhem)의 추천으로 티에르 재단의 연구원이 됨. 동시에 고등사범학교에서 알튀세르(Louis Althusser)의 추천으로 강의 시작함. 수강생의 반응 좋았음. |

| 1952~1955 | 1954 | 1955~1958 |
| --- | --- | --- |
| **27~30세**<br>릴(Lille) 대학의 교수가 되어 심리학과 역사를 가르침. | **29세**<br>《정신병과 인성》 출간. | **30~33세**<br>스웨덴 웁살라(Upsala) 소재 프랑스 문화원장 역임. 이 시기에 그의 초창기 주저인 《광기의 역사》를 집필하기 시작함. |

| 1958 | 1959~60 | 1961 |
| --- | --- | --- |
| **33세**<br>폴란드에서 프랑스 문화를 강의함. | **34~35세**<br>독일의 프랑스 문화원장 역임. | **36세**<br>《광기의 역사》를 정리하여 박사 학위 논문으로 제출함. |

| 1961~67 | 1963 | 1966 |
| --- | --- | --- |
| **36~42세**<br>파리에 거주하면서 클레르몽-페랑(Clermont-Ferrand) 지역에서 일반 심리학을 가르침. | **38세**<br>《병원의 탄생》 출간. | **41세**<br>《말과 사물》을 출간하여 11만 부나 팔려 나감. 이로 인해 프랑스 철학계의 신성으로 떠오름. |

**1967~1970**

**42~45세**
튀니스의 작은 대학에서 학생을 가르침.

**1969**

**44세**
《지식의 고고학》 출간.

**1970~1971**

**45~46세**
벵센느(Vincennes) 대학 개설 위원회 위원과 동시에 철학과 교수를 역임함. 성의 담론, 형이상학의 종말, 인식론 등을 강의함.

**1971**

**46세**
《담론의 질서》 출간.

**1971~1984**

**46~59세**
콜레주 드 프랑스(Collége de France) 대학 교수로 사회적으로도 왕성한 활동을 함.

**1975**

**50세**
《감시와 처벌》 출간.

**1976~1984**

**51~59세**
3부작으로 기획된 《성의 역사》 제Ⅰ권과 제Ⅱ권이 출간되고 제Ⅲ권은 미완성으로 출간됨.

**1984**

**59세**
6월 25일 폐렴으로 사망함.

## 읽고 풀기

1. 광식이 형 광태는 대학 졸업 후 열심히 일하던 정신병원을 떠나게 됩니다. 그 이유는 자신에게 일종의 계시와도 같았던 독일의 철학자 때문인데요, 그는 누구일까요? 5장 참고

2. 광태는 시공간의 틈을 생기게 하는 방법을 묻는 광식에게 '시대의 진리를 의심하라!'는 힌트를 줍니다. 그 힌트를 설명하는 데 광태는 (    ) 개념을 이야기합니다. (    )에 알맞은 말은 무엇일까요? 5장, 9장 참고

3. 15세기 유럽으로 시간 여행을 떠난 광태는 당시엔 광인을 어떻게 대했는지 알기 위해 항구에서 ○○○○○에 타게 됩니다. 중세 말기 무질서와 혼란을 비판하고 이를 개선하고자 하는 의도로 쓴 당시 유럽의 베스트셀러 제목이기도 한데요, 이는 무엇일까요? 6장 참고

4. 18세기 중반 유럽으로 다시 한 번 시간 여행을 떠나게 된 광태는 ○○○으로 떨어집니다. 원래는 나병 환자 수용소였다가 나병이 사라지자 차츰 광인, 부랑자, 걸인, 실업자, 경범죄자 등을 수용하는 시설로 바뀌었고, 동성애자라는 이유로 광내가 수용된 이곳은 어디일까요? 7장 참고

5\. 광인들의 해방을 결의하던 광식이와 광태는 반지 모양의 원형 감옥에 갇히고 맙니다. 감옥의 원형 둘레 부분을 칸칸이 나눠 독방으로 만들었고, 건물 안쪽 중앙탑에는 한 명의 감시인을 둔 근대적 감옥의 이상적 모델을 가리켜 무엇이라고 부르나요? 10장 참고

**6.** 다음에 들어갈 공통적인 말은 무엇일까요? 10장 참고

"○○은 누가 소유하는 것이 아닌 것 같아. ○○은 여러 형태의 정치적, 사회적, 군사적 조직뿐만 아니라 온갖 행위 유형, 사유 습관, 지식의 체계 속에서 일상적으로 작용하는 유동적 흐름이라고 할 수 있지. 감옥 책임자와 우리 사이에도 ○○이 존재하지만, 감옥 책임자와 감시인, 감시인과 우리, 또 너와 나 사이에도 ○○이 존재하거든."

* 읽고 풀기의 PDF는 blog.naver.com/totobook9에서 다운로드 받을 수 있습니다.

1. '신은 죽었다.'라는 선언으로 유명한 독일의 철학자 니체(Friedrich Wilhelm Nietzsche, 1844~1900)입니다. 이 선언은 인간을 자기의 행위와 가치에 대해 판단할 수 없는 무력한 존재로 가둔 신을 죽였다는 의미입니다. 생전에 그는 학계로부터 철저히 무시당했으며 종교계와 도덕주의자로부터 혹독한 비판을 받았으나, 사망 이후 유럽의 철학과 문학에 지대한 영향을 미친 20세기 가장 중요한 철학자의 한 사람으로 꼽히고 있습니다.

2. 특정한 시대를 지배하는 인식의 무의식적 체계를 가리켜 '에피스테메'라고 합니다. 푸코는 과거로 거슬러 올라가 각 시대의 인식 틀인 에피스테메가 다르다는 결론에 도달했고, 그는 누구나 알고 있는 이 보편적 인식의 틀을 거부했습니다.

3. 푸코는 '광인들의 배'를 이야기하며 '바보'를 '광인'의 측면에서 이해하고 '광기'의 역사를 이해하는 데 유용한 사례로 삼았습니다. 그는 '광기'의 개념이 형성되고 세상에 널리 퍼진 과정을 추적해 이성 중심 사회가 만들어 낸 차별과 배제의 논리를 설명합니다. 광기를 개인의 심리적 측면으로만 보지 말고 보다 심층적인 측면에서 설명돼야 한다는 게 그의 생각입니다.

## 읽고 풀기 답

4. 푸코는 '구빈원'의 역사를 살펴 올라가 우리가 일반적으로 '정상'이라고 부르는 것이 가난하고 병들고 이상한 행동을 하는 사람 등을 사회 외부로 밀어 내는 과정을 통해 만들어진다고 이야기했습니다. 즉, 정상이 먼저 있었던 것이 아니라 비정상을 만들어 냄으로써 정상이란 관념이 생겨났다는 것입니다. 그는 이렇게 타자를 만들어 내고 통제하고 관리했던 당시 사회의 야만성을 '구빈원'을 통해 지적했습니다.

5. '파놉티콘'은 감옥의 개혁이 시대적 과제였던 18세기 말에 영국의 철학자 겸 경제학자인 제레미 벤담(Jeremy Bentham, 1748~1832)이 구상하였습니다. 그가 감옥을 고안할 때 가장 중요하게 생각한 원칙은 '최대 다수의 최대 행복'이었습니다. 푸코는 자신의 저서 《감시와 처벌》에서 근대적 감시의 기원을 이 원형 감옥에서 찾았습니다.

6. 권력